Jürgen Helfricht

Der Dresdner Zwinger

Barockjuwel & Schatzkammer

Husum

Blick von der mit Vasen und Putten geschmückten Terrasse des Mathematisch-Physikalischen Salons in den Zwingerhof Richtung Sempergalerie

Vorwort

Eine Zauberwelt steinerner Putten, Nymphen und Satyrn, dazu gigantische Schätze in drei Staatsmuseen von Weltruhm – der Dresdner Zwinger! Dieses faszinierende Architekturensemble mit Pavillons und Galerien gilt als Höhepunkt der Epoche des Barockstils in Deutschland. Bereits im Mittelalter verfügte Sachsens frühere Residenz- und Landeshauptstadt Dresden über einzigartige Wahrzeichen. Handwerksgesellen auf Wanderschaft mussten sich als Nachweis ihrer Anwesenheit am Ort z.B. das Brückenmännchen, des Teufels Fußstapfen in der Kreuzkirche, den Queckbrunnen, den Totentanz, das Schöne Tor, das Moritzmonument oder das Salomonistor merken. Einige davon sind leider nicht nur verschwunden, sondern völlig in Vergessenheit geraten. Ab 1730 sprach man nach antikem Vorbild dann jedoch von „Sieben Wunderwerken Dresdens", verstand darunter das Zeughaus, die Kunstkammer im Residenzschloss, das Stallgebäude, die Elbbrücke, das Japanische Palais, den Zwinger und den Jägerhof. Auch wenn man heute u.a. Frauenkirche, Semperoper, Goldenen Reiter, Blaues Wunder oder Pfunds Molkerei hinzufügen würde – der Zwinger mit dem Kronentor ist seit fast 300 Jahren das Symbol Dresdens. Im historischen Zentrum gelegen, entstand er als Glanzstück der Herrschaft Augusts des Starken (1670–1733). Als Orangerie geplant, als Fest- und Zeremonialbau errichtet, wurde mit der Komplettierung der Elbseite im 19. Jahrhundert daraus endgültig ein Palast für wahrhaft königliche Sammlungen. Tauchen Sie ein in seine abenteuerliche Geschichte, lassen Sie sich entführen in das Barockjuwel, an dem man auch nach unzähligen Besuchen neue Facetten und Geheimnisse entdecken kann.

Dr. Jürgen Helfricht

Dresdner Zwinger – Vergnügungsplatz im Festungsareal

Zwischen Theaterplatz im Nordosten, Sophienstraße im Südosten, Postplatz im Süden, Ostra-Allee im Südwesten und der Straße Am Zwingerteich im Nordwesten liegt unweit der Elbe im historischen Zentrum Dresdens ein berühmtes Bauwerk, dessen Name manchem Rätsel aufgibt: der Dresdner Zwinger! Findet die Bezeichnung Zwinger im heutigen Sprachgebrauch doch eher für ein Tiergehege, vornehmlich für Hunde, Verwendung. Im Mittelalter und in früher Neuzeit hatte „Zwinger" jedoch eine andere Bedeutung: Aus dem Wortschatz der Festungsbaukunst stammend, kennzeichnet er den ummauerten Bereich vor der inneren Burg- oder Festungsmauer bzw. einem Stadttor. Hatte der Feind die äußere, meist niedrigere, Wehrmauer überwunden, war er im Zwinger vor der Hauptmauer eingekesselt. Hier konnten Verteidiger die Angreifer effektiver bekämpfen. In Friedenszeiten nutzte man den nicht überdachten Raum häufig zur Tierhaltung oder als Gartenland.

Der uns interessierende Abschnitt der Stadtbefesti-

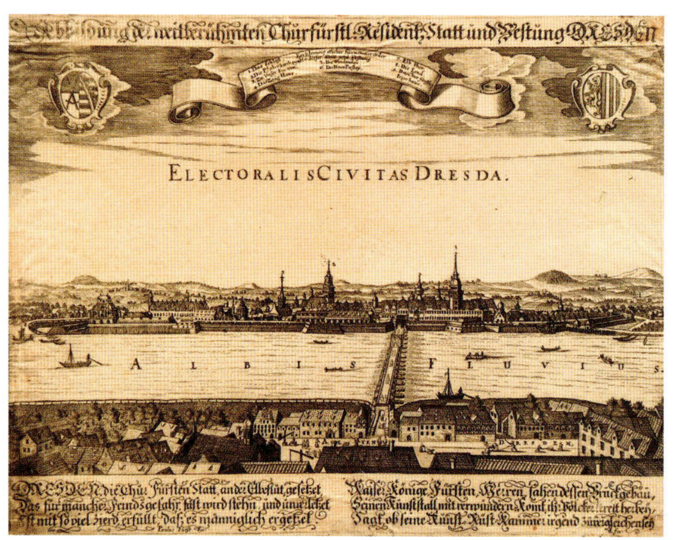

Dieser Kupferstich von 1679 zeigt die churfürstliche Residenzstadt und Festung Dresden von Norden. Man blickt über den Fluss auf die Altstadt, erkennt links auf der Festungsmauer das erste Belvedere von 1590 und rechts den damals etwa 62 Meter hohen Schlossturm.

Plan der Festung Dresden mit ihren Vorstädten vom Ende des 16. Jahrhunderts

gung gehört zu einem Erweiterungsbau der Festung Dresden Ende des 16. Jahrhunderts. Rochus Quirin Graf von Lynar (1525–1596), ein aus der Region um Florenz stammender Baumeister, verbesserte ab 1569 die Wehranlagen, ließ u.a. durch Zeugmeister Paul Buchner (1531–1607)

10

Innenansicht des 1664 bis 1667 von Wolf Caspar von Klengel erbauten Opernhauses bzw. Komödienhauses am Taschenberg neben dem Schloss, welches 2000 Zuschauer fasste.

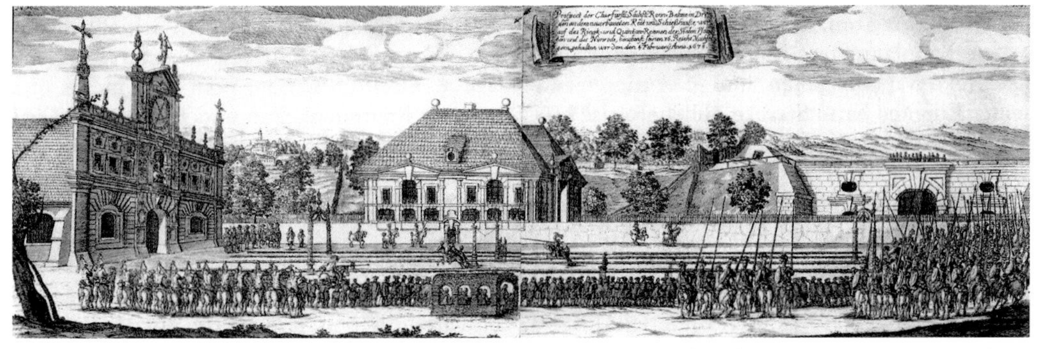

Rennbahn am neu erbauten Reit- und Schießhaus in einer Darstellung des Jahres 1678

westlich des Residenzschlosses die Bastion Luna anlegen. Bei den feierfreudigen Sachsen-Herrschern diente das Zwingerareal zwischen äußerer Festungsmauer (noch heute durch Wall und Graben nachvollziehbar) und einem den Bezirk des Residenzschlosses schützenden inneren Befestigungsring neben der Gartennutzung seit dem 17. Jahrhundert vor allem als Festplatz.

Ritterliche Turniere und Hoffeste hatten bei den Wettinern ihr Hof zählte neben dem der Habsburger zu den angesehensten, mächtigsten und reichsten deutschen Fürstenhöfen – bereits seit dem 16. Jahrhundert Tradition. Besonders Hochzeiten boten ein farbenprächtiges Bild. Zur Vermählung der Herzogin Magdalena (1507–1534), Tochter des Herzogs Georg des Bärtigen (1471–1539), erschienen mehr als zwanzig fürstliche Gäste nebst Gefolge in Dresden. Diese kamen mit 2048 Pferden in die Stadt. Nach der Trauung in der Kreuzkirche belustigte sich der Festzug bei einem Rennen auf dem Altmarkt, wofür extra eine Stechbahn errichtet wurde. Kurfürst Moritz (1521–1553) lud zum Karneval des Jahres 1553 zahlreiche Fürsten, Grafen und Ritter ein. Für das Rennen und Stechen erhielt die gesamte Schlossstraße bis zum Altmarkt eine Aufschüttung mit Sand. Zuschauerplätze boten die Fenster der Bürgerhäuser. Von Kurfürst

August (1526–1586) ist bekannt, dass er selbst 55 Mal im Turniersattel saß. Ab 1554 lud er regelmäßig zu Scharfrennen, Klepper-Turnieren, adeligen Beilagern, Schießen aus großen und kleinen Stücken, sogar zu Wettläufen der Bauernmägde, Bauerntanz und Bauernstechen ein. Die ritterlichen Spiele und sportlichen Wettkämpfe begleiteten pompöse Aufzüge und Inventionen. Bei der Hochzeit des späteren Kurfürsten Christian I. (1560–1591) im Jahre 1582 schlossen sich Armbrustschießen, ein Fußturnier, Kämpfe eines Löwen mit einem Ochsen, Mummerei und Feuerwerk an. Neben Maskeraden und aufwendigen Kostümen gab es Kulissen und sogar Wagen, auf welchen sich durch Muskelkraft betriebene Maschinen befanden, die z.B. Drachen oder Planeten bewegten. Als Architekten, Bühnenbildner und Regis-

Auf dem Dresdner Altmarkt fand am 10. Juni 1709 zu Ehren des Königs von Dänemark dieses Fußturnier statt. Gouache von Johann Samuel Mock (1687–1737)

seure der Feste verpflichteten die sächsischen Herrscher renommierte Bildhauer wie Giovanni Maria Nosseni (1544–1620) und Sebastian Walther (1576–1645). Zu Schauplätzen von Festen avancierten auch der Schlosshof und der Stallhof bzw. Marstall – das heutige Johanneum –, das Lusthaus auf der Jungfernbastei an der Elbe nahe Pirnaischem Tor und Zeughaus oder der Jägerhof auf der anderen Elbseite. Musikaufführungen, sogenannte Kammermusiken, ergänzten zusammen mit allegorischen Festspielen, Opern und Balletten das Amüsement. Erste Ballettaufführungen im Riesensaal des Schlosses sind von 1622 bis 1625 überliefert.

Unter Kurfürst Johann Georg II. (1613–1680) wurde begonnen, das innerhalb der Wehranlagen gelegene Zwingergelände westlich des Residenzschlosses für Veranstaltungen zu nutzen. Hier entstand 1664 bis 1667, angrenzend ans Schloss und mit diesem über einen Gang verbunden, Dresdens Komödienhaus mit 2000 Zuschauerplätzen – das erste feste Theater im nördlichen Deutschland! Architekt dieses Musentempels wie auch weiterer nachfolgend genannter Gebäude war der leitende kurfürstliche Baubeamte Wolf Caspar von Klengel (1630–1691). Davor lag der mit Feigenbäumen bestückte Zwingergarten. Dieser erhielt 1668/69 ein Ballhaus u. a. für das Federballspiel. 1672/73 vollendete man ein Schießhaus. Etwa an der Stelle der heutigen Gemäldegalerie entstand 1677/78 das Reithaus mit dem größten Saal der Stadt (1711 für den barocken Zwingerneubau abgerissen), davor elbseitig der Reitplatz, 1691 ein erstes Redoutenhaus für Tanzveranstaltungen (mit dem Reithaus abgerissen).

Bereits im letzten Viertel des 17. Jahrhunderts stand Dresden im Ruf, ein vergnügungssüchtiger Ort zu sein. Hier wechselten sich Opern und Ballette – darunter Mohrenballette –, Komödien, Tragikomödien und Burlesken mit Maskeraden und Tänzen, Bankette und Musikaufführungen, Wirtschaften und adelige Hochzeiten ab. Ergänzt z. B. durch Tierhetzen, Jagden oder Wettschießen. Doch all dies sollte bald ein Herrscher in den Schatten stellen, der sich dem indischen Maharadscha und dem chinesischen Kaiser ebenbürtig wähnte, sich sogar als ein Gott, als „Hercules Saxonicus“, fühlte.

Langgalerien mit Kronentor und Mathematisch-Physikalischem Salon. Wie einst zieren im Sommer Orangenbäume in Pflanzkübeln den Zwingerhof.

Dresdner Zwinger aus der Vogelperspektive von Südosten. Das weltberühmte barocke Juwel aus Elbsandstein im Zentrum der sächsischen Landeshauptstadt bedarf ständiger Pflege.

„Sonnenkönig" August der Starke und sein Traum in Stein

Einem der prunksüchtigsten und schillerndsten Fürsten der Barockzeit verdanken wir mit dem Dresdner Zwinger ein Bauwerk von europäischer Geltung. Kunstkenner versahen dessen Zauber mit euphorischen Prädikaten: als „phantastische Pracht der Bühnenarchitektur", als „höchstes Maß dekorativen Reichtums, welches die abendländische Kunst überhaupt erreicht hat" oder als „die tollste aber zugleich graziöseste Faschingslaune der Architektur". Der berühmte deutsche Kunsthistoriker Georg Dehio (1850–1932) nannte den Zwinger „nicht nur ein dekoratives, sondern auch ein architektonisches Meisterwerk."

Sein Bauherr ist der am 12. Mai 1670 in Dresden geborene Wettiner Friedrich August I., dem der Volksmund wegen seiner angeblich außergewöhnlichen Körperkraft später den Beinamen „der Starke" verlieh. Nach dieser herausragenden Herrscherpersönlichkeit nennt man eine Epoche sächsischer Geschichte sogar „Augusteisches Zeitalter". Als Zweitgeborener erhielt er die standesgemäße Aus-

Sachsens prunkvollster Kurfürst, Friedrich August I., als König von Polen August II., ließ sich um 1718 von seinem französischen Hofmaler in dieser imposanten Reiterpose verewigen.

Westlich des Dresdner Residenzschlosses mit dem 1674 bis 1676 um 35 Meter auf 95 Meter erhöhten Hausmannsturm wurde in großartiger Kulisse am 6. Juni 1709 das Damenfest gefeiert. Die hölzernen Bauten dieses Amphitheaters erinnern bereits an den späteren Zwinger aus Elbsandstein. Deckfarbenblatt von Georg Christian Fritzsche

bildung. Allerdings galt es für ihn als kaum wahrscheinlich, selbst Kurfürst zu werden. Kein Freund gelehrter Studien, galten die Vorlieben des tatendurstigen Friedrich August der Jagd und dem Reiten, dem Sport und dem Soldatenwesen. Neben Mathematik, Zeichenkunst und Fortifikationslehre weckten Fachlehrer, unterstützt durch Prediger, auch sein Verständnis für das Bauwesen, für Kunstdenkmäler und die Künste. Reisen ergänzten den Unterricht. Die große Kavalierstour führte ihn ab Mai

1687 zwei Jahre lang durch Deutschland, Frankreich, Spanien, Portugal und Italien. In Paris standen dem jungen Prinzen zur Weiterbildung ein französischer und ein spanischer Sprachmeister, ein Fortifikationsmeister und ein Tanzmeister zur Seite. Das meiste Geld gab er jedoch für den Besuch von Opern und Komödien aus. Man weiß, dass sich der junge Kavalier in Versailles und in St. Cloud von der französischen Pavillonarchitektur und Gartenkunst fesseln ließ. Hecken mit Nischen und Lauben, die breiten Avenuen und Kanäle, die Bassins, Springbrunnen, Kaskaden, die Sta-

Johann Alexander Thiele (1685–1752) bannte diese 106 mal 168 Zentimeter große Momentaufnahme des „Caroussel Comique" von 1722 auf die Leinwand. Vom Stadtpavillon aus sieht man das Karnevalstreiben vor Kronentor und Wallpavillon, an der Zwinger-Nordostseite eine offene Tribüne. Die Architektur des Nordpavillons setzt sich elbwärts fort.

Das Pendantgemälde bietet den Blick vom Kronentor auf das gleiche höfische Fest vom 17. Februar 1722 im noch unfertigen Zwinger (vom Künstler geschickt kaschiert) und gestattet gleichzeitig einen Blick in die Zukunft, indem es nie realisierte Pläne einbezieht. Rechts im Hintergrund das Residenzschloss, links das Japanische Palais

tuen und Skulpturengruppen aller Art hatten es ihm angetan. Am Hofe Ludwig XIV. (1638–1715) lernte er die Sammlertätigkeit und Zentralisierung der Kunstsammlungen im Louvre kennen. Waffen- und Gemäldesammlungen des spanischen Königshauses studierte er in Madrid, wurde hier besonders von der Magie der Werke der Italiener berührt. Beim König von Portugal in Lissabon faszinierten ihn Brunnenanlagen und Wasserkünste, bei einem Abstecher nach dem Schloss Queluz die Pomeranzengärten. Zwar besaß Dresden vor dem Wilsdruffer Tor einen Lustgarten mit Zitronen, Pomeranzen, Granaten, Feigen, Lorbeer und fremden Blumen. Doch jener nahe dem portugiesischen Königsschloss stellte alles in den Schatten. Am Savoyischen Hof in Turin erlebte Friedrich August nicht nur italienische Lebensfreude, sondern auch große Jagden und Bälle. Tief beeindruckten ihn die römischen Villen der Renaissance, die Sammlungen antiker Statuen und die italienische Plastik der Barockzeit. In Venedig ließ der Sachsen-Prinz kaum eine der vielen Assembleen und Redouten der Nobili aus, stürzte sich natürlich auch in das Stelldichein mit allen Masken auf dem Markusplatz. Die Gondelfeste und Feuerwerke müssen einen ganz besonderen Reiz auf ihn ausgeübt haben. Dieser wirkte so stark nach, dass er später Künstler aus Venedig nach Dresden rufen ließ. Natürlich weilte er in Bologna und Flo-

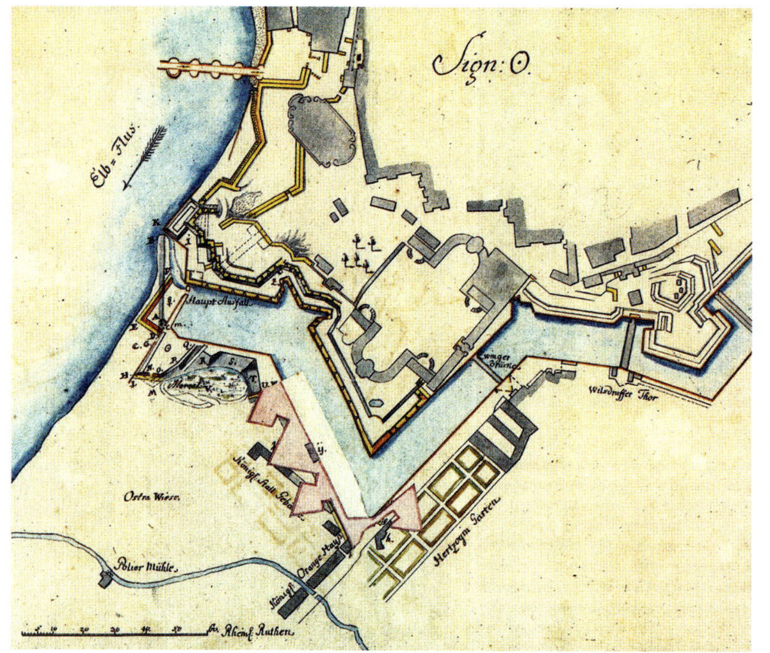

Dieser Plan der Befestigungswerke zwischen Herzogin-Garten und Elbe entstand um das Jahr 1744 und zeigt beeindruckend, wie sich der Zwinger in die Festungs-Bastion Luna einfügt.

renz mit ihren Kirchen und Palästen, studierte Preziosen in den Uffizien, der Schatzkammer der Medici. Bei der Rückreise über Pressburg und Wien holte er sich vor allem in der Kaiserstadt Anregungen zur späteren Ausschmückung der eigenen Residenz. Noch oft kam er in die Donaumetropole, inhalierte das Flair des Wiener Hofes, welcher neben dem von Versailles der größte, glanzvollste und festfroheste in ganz Europa war.

Im Februar 1693 zog der frischvermählte August der Starke mit seiner Gemahlin Christine Eberhardine von Bayreuth (1671–1727) in Dresden ein. Schon im Sommer machte er sich zu einem Feldzug auf, reiste dann im Herbst allein nach Italien und kam erst im folgenden Februar zurück. Es gehört zu den negativen Charakterzügen dieses Wettiners, dass er einer zügellosen Mätressenwirtschaft huldigte. Allerdings ging er im Gegensatz zur Legende mit nur acht Mätressen zeitweilig eine mehr oder minder feste Verbindung ein. Neben seinem 1696 geborenen ehelichen Sohn und Nachfolger hatte er acht außereheliche Kinder legitimiert und damit für ihre Zukunft gesorgt. Seiner Ehefrau waren das unruhige Leben und die sie demütigenden Ausschweifungen so unerträglich, dass sie fast 30 Jahre lang fern von Dresden auf Schloss Pretzsch an der Elbe ihren Lebensmittelpunkt fand.

1694 fiel dem bislang zur Untätigkeit verurteilten 24-jährigen Prinzen Friedrich August mit dem überraschenden Tod des älteren Bruders, Johann Georg IV. (1668–1694), die Kurwürde und somit die Regierungsverantwortung zu. Als Sachsens Kurfürst Friedrich August I. strebte er wenig später nach der polnischen Königskrone. Dafür musste er den polnischen Adel bestechen, zum Katholizismus konvertieren. Das Geld zur Befriedigung seiner Machtgelüste beschaffte er u. a. durch den Verkauf uralter sächsischer Ländereien und Herrschaftsansprüche. Zudem versetzte er Juwelen aus dem Staatsschatz. Am 15. September 1697 wurde er als August II. in Krakau zum König von Polen gekrönt. 1700 brach er einen Krieg gegen Schweden vom Zaun – und wurde vernichtend geschlagen. Die Schweden besetzten im Herbst 1706 sogar Sachsen. Besatzungskosten: geschätzte 35 Millionen Taler. Unter großen Opfern für Sachsen

kehrte August II. zwar 1709 auf den Königsthron zurück, doch die Polen liebten ihn nie.
Um seinen Hofstaat in Dresden und Warschau, glanzvolle Feste, architektonische Schöpfungen und Liebhabereien – zu ihnen gehörte das Sammeln von Geschirr und Vasen aus den Ursprungsländern des Porzellans – finanzieren zu können, führte er neue Steuern ein, forcierte die Wirtschafts- und Manufakturpolitik.
Spätestens mit der Erlangung der polnischen Königskrone strebte Sachsens Kurfürst die Vermehrung und Erweiterung vorhandener

August der Starke, dem Dresden viele barocke Bauwerke wie den Zwinger verdankt, lebt nicht nur in der Erinnerung weiter. Auf dem Neustädter Markt steht er seit 1736 als „Goldener Reiter".

Festplätze in seiner Dresdner Residenz an, die 1699 erst über 21.298 Einwohner verfügte. Mit den unter seiner Herrschaft neu aufblühenden und Unmengen an Geld verschlingenden Festlichkeiten wie Götteraufzügen, Wirtschaften oder Trachtenzügen in exotischen Kostümen mit Getier wie Elefanten, Kamelen und Drachen – an Aufwand, Kraftanstrengung und Kolossalität wurden sie später nie wieder erreicht – verfolgte der Monarch verschiedene Pläne. Das Vergnügen war die angenehme Nebenerscheinung. In Wirklichkeit ging es um Politik und Diplomatie, die offene Zurschaustellung von Reichtum und Macht. Doch verband er mit seinem barocken Theater auch handfeste wirtschaftliche Interessen. Ein andauernder Fremdenstrom in der Stadt belebte die heimische Wirtschaft, füllte die Kassen von Hotels, Gaststätten, Dienstleistung und Gewerbe. Die Einwohnerzahl Dresdens verdoppelte sich unter seiner Regierung. August der Starke nutzte die Feste auch für kleine Mustermessen, in denen er Produkte seiner prosperierenden heimischen Manufakturen vorstellte. Anlässlich seines Zeithainer Lustlagers verriet er dem preußischen König Friedrich Wilhelm I. (1688–1740): „Wenn Ew. Majestät einen Dukaten einnehmen, so legen Sie ihn in Ihren Schatz; ich gebe ihn aus, so kehrt er dreimal zu mir zurück."

An Orten für Feste waren von den Vorfahren außer dem Schloss mit dem Schlosshof der Jägerhof jenseits der Elbe in der heutigen Neustadt und das Palais im Großen Garten in der Pirnaischen Vorstadt auf ihn übergekommen. Die Stechbahn im Stallhof war nur für Ringstechen nutzbar. August dachte wohl zuerst an einen Turnierplatz im Großen Garten, wollte den Jägerhof großzügig erweitern und plante auch eine Eremitage im Plauenschen Grund. 1697 entstand vor dem Schloss mit dem „Colosseum" ein ovales hölzernes Amphitheater, wo z. B. Kartellrennen und ein „Türkengefecht" ausgetragen wurden. Dieser 1699 nochmals errichtete Bau verfügte über Logen für die hohen Herrschaften, nahm die Zwingergestalt mit mittlerem Pavillon, seitlichen Viertelkreisbogen und Saalbauten vorweg.

Im Jahre 1709 wurde die „große Reitbahn" – der Platz vor den Festbauten

Die barocke Pracht des Dresdner Zwingers – hier westliche Langgalerie, Mathematisch-Physikalischer Salon und Wallpavillon – spiegelt sich nachts in den Wasserbecken des Hofes.

nach der Elbe zu – Schauplatz prunkvoller Hoffeste. Ende Mai bis Ende Juni weilte der König von Dänemark in der Stadt. Aus diesem Anlass mag August der Starke die große hölzerne Arena mit quadratischer Grundform in Auftrag gegeben haben. Farbige Gouachen zeigen Langgalerien mit offenen Logen für Zuschauer, in der Mitte zweigeschossige Pavillons für die königlichen Gäste. Nicht gespart wurde mit Schmuck, Säulen und reichlichen Goldverzierungen. Unklar ist, ob man alles einige Jahre lang stehen, oder bis 1714 wiederholt ab- und aufbauen, ließ. Auf jeden Fall war auch dieser Interimsbau eine wichtige gedankliche Vorstufe für den steinernen Zwinger.

Am 10. Juni 1709 befahl August der Starke auf dem Zwingergelände zwischen hohem Wall und Reithaus die Erweiterung des Zwingergartens zur Orangerie, stellte dafür die ersten 2000 Taler zur Verfügung (ab 10. August vierteljährlich 3000 Taler, später 4000 Taler pro Monat). In der dafür am Wall geschaffenen Terrassenanlage mit halbrunder Galerie – Teile befinden sich noch heute unter dem Wallpavillon – sollte ein Aufbewahrungsort für die von der Hofgärtnerei betreuten Kübel mit Orangenbäumen entstehen. Zum Lebensende soll der Monarch in Dresden und Warschau, später kam Großsedlitz hinzu, rund 5000 Orangen- und Zitrusbäume besessen haben. Annähernd 2000 Exemplare beherbergte in Glanzzeiten allein die Zwinger-Orangerie.

August der Starke scheint in den Anfangsjahren vom Wunsch erfüllt gewesen zu sein, den Platz vor der halbrunden Orangerie als Arena für Sportveranstaltungen zu nutzen. Die Orangerie-Terrassen übernahmen dann die Funktion von Zuschauerrängen. Von Jahr zu Jahr erweiterte der Herrscher diesen Elbsandsteinbau. 1713 entstanden im Anschluss an halbrunde Bogengalerien doppelgeschossige Pavillons – der heutige Mathematisch-Physikalische Salon und der Französische Pavillon. 1715/16 ließ August der Starke den Wallpavillon errichten. Bis 1718 folgte die Langgalerie mit dem Kronentor. Zweifellos war sich der Sachsen-Herrscher und Polen-König bewusst, dass sein Name vor allem in Kunstschöpfungen wie dieser weiterlebte.

Der Orangeriebau im Zwingergarten

bekam Anfang 1718 einen gewaltigen Schub. Für das kommende Jahr stand die Vermählung des Kurprinzen mit der österreichischen Kaisertochter Maria Josepha (1699–1757) ins Haus. Dafür musste ein völlig neuer Festplatz – die Orangerie integrierend und die bisher dafür errichteten Baukörper spiegelbildlich gegenüber wiederholend – entstehen. Da man parallel auch am Residenzschloss wirkte, ein neues Opern- und ein Redoutenhaus wünschte, das Taschenbergpalais erweiterte und umfangreiche Arbeiten am Holländischen Palais (heute Japanisches Palais) auf der anderen Elbseite, stromaufwärts am Schloss Pillnitz sowie nördlich von Dresden am Schloss Moritzburg plante, konnten in der Kürze der Zeit verschiedene Gebäudeteile wie der östliche Portalpavillon samt den angrenzenden Galerien nur provisorisch in Holz ausgeführt werden. Nach einer Schätzung hatte der Zwingerbau bis 1726 schon 900.000 Taler verschlungen. Erst 1728 war der Stadtpavillon in Stein ausgeführt. Noch lange stand der Wallpavillon als Hülle da. 1732 floss endlich Geld für Fenster, Fußböden und Stuck im Inneren.

Die nordöstliche Längsseite zur Elbe verschloss die hölzerne Zuschauertribüne, später bis 1847 eine Mauer. Auch engten angrenzende Gebäude das Ensemble ein. An den prachtvollen Zwinger, genauer den südlichen Eckpavillon zur Sophienkirche hin, schmiegte sich ab 1719 das schlichte zweite Dresdner Opernhaus – bis es 1849 abbrannte und abgetragen wurde. Der östliche Eckpavillon war durch das 1719 in Fachwerk ausgeführte Redoutenhaus verdeckt, welches kurz vor dem Siebenjährigen Krieg einem neuen Flügel des Taschenbergpalais wich. Die heutigen eingeschossigen Anbauten sind Hinzufügungen während der Restaurierung in den 1850er Jahren.

Der schöpferisch begabte August II., der sich mit genialen Architekten, Künstlern und Wissenschaftlern umgab, immer wieder selbst den Stift für Entwurfsskizzen in die Hand nahm, hat seinen wunderbaren Zwinger also nie in heutiger Wirkung erlebt. Zur Korpulenz neigend, in späten Jahren unter schwerer Zuckerkrankheit leidend, starb der keine Diät befolgende Kurfürst und König am 1. Februar 1733 in Warschau.

Architekten und Künstler des europäischen Barockjuwels

Manches spricht dafür, dass Friedrich August I. bzw. August II. – der Souverän Sachsens und Polens – sich auch als wichtigster Architekt, Ideengeber sowie Künstler sah. Die schönen Künste waren ihm ein Lebensbedürfnis und er verspürte den Drang, mit ihren Werken seine Umgebung reicher und pompöser zu gestalten. Ständig griff er deshalb z.B. in Bauplanungen ein, gab Regieanweisungen. In Archiven findet man neben den allerhöchsten Änderungen, Bemerkungen und Vorschlägen zahllose Entwürfe von seiner Hand. Er drückte Gartenanlagen, Villen, Palästen, ja mit der „Neuen Königstadt" – der heutigen Inneren Neustadt Dresdens – einem ganzen Stadtteil seinen Stempel auf. Diverse Pläne im Staatsarchiv tragen den Vermerk „Nach seiner Majestät eigenem dessin inventiret". Von 1730 stammt ein Augenzeugenbericht. Jener beschreibt den seine Schlafstätte beherbergenden Salon im Warschauer Schloss als ein mit Bauunterlagen gefülltes Büro.

Für die Verwirklichung aller Schöpfungen stand August dem Starken eine Riege Berater zur Seite. Oft waren es Experten aus dem Ausland. Sie

August Christoph Graf von Wackerbarth – der „Regisseur des Dresdner Barock"

brachten durch Visiten fremder Länder einen reichen Schatz an Erfahrungen mit oder wurden für das Sammeln neuer Eindrücke extra auf Bildungsreisen entsandt. Als mächtige Staatsbeamte wachten August Christoph von Wackerbarth (1662–1734) und Jacob Heinrich von Flemming (1667–1728) über die Realisierung aller Wünsche des Herrschers. Wackerbarth war nicht nur Generalfeldmarschall und Staatsminister. An der Spitze des sächsischen Bauwesens stehend, gilt er als „Regisseur des Dresdner Barock“. Über Jahrzehnte beeinflusste er den Ausbau von Städten, Festungen und Schlössern in Sachsen und Polen. Unter ihm wirkten die besten Oberlandbaumeister: der den beschwingten Hochbarock von Italien, Wien und Prag verkörpernde Matthäus Daniel Pöppelmann (1662–1736), der den französischen klassischen Barock nach Dresden importierende Zacharias Longuelune (1669–1748) und der Begründer des sächsischen Rokoko Johann Christoph Knöffel (1686–1752). Es galt als Prinzip, in den Oberbauämtern immer mehrere Architekten zu beschäftigen. Deren Entwürfe gelangten nie in Gänze zur

Miniaturporträt und Unterschrift von Zwingerbaumeister Matthäus Daniel Pöppelmann

Ausführung. Vielmehr vereinten Wackerbarth und der König ihre Formelemente in einem „kollegialischen“ Verfahren miteinander, was zur Synthese vieler Stieleinflüsse führte. Flemming war der einflussreichste

Minister am Hofe und Armeechef, der sich um Außenpolitik genauso wie die Staatsfinanzen kümmerte. Zudem galt er als cleverer Geschäftsmann, handelte geschickt mit Rittergütern und Immobilien, gründete Fabriken und Manufakturen, verkaufte einige Palais sogar an seinen Kurfürsten und König. Raymond Leplat (um 1664–1742) fungierte als weiterer wichtiger künstlerischer Berater. Den französischen Hugenotten ernannte August der Starke 1698 zum „Generalinspekteur der königlichen Sächsischen Sammlungen".

Jedoch nur der im westfälischen Herford geborene Pöppelmann konnte August dem Starken jenes Meisterwerk erschaffen, welches heute als Dresdner Zwinger berühmt ist. Aus einer Kaufmannsfamilie (Leinenverleger) stammend, die im 30-jährigen Krieg weitgehend ihr Vermögen verlor, kam Pöppelmann auf Wanderschaft 18-jährig nach Dresden. Zunächst trat er wohl als unbezahlte Hilfskraft in das sächsische Bauamt ein. Hier waren seine Lehrer die Oberlandbaumeister Wolf Caspar von Klengel (1630–1691) und Johann Georg

Pöppelmanns dritter Entwurf für einen Salon des Dresdner Zwingers

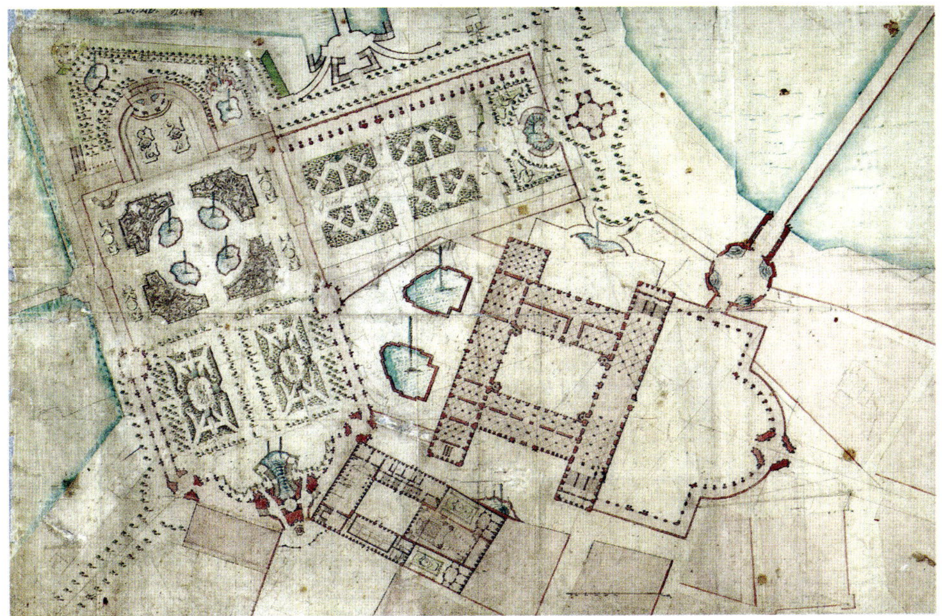

Zwischen 1715 und 1718 dem Kurfürsten-König vorgelegter Entwurf Pöppelmanns, der als Zwingerabschluss im Südosten eine Kaskade und im Osten zum Schloss ein als Museum gedachtes Palais vorsah. August der Starke verwarf diese Idee, befahl die spiegelbildliche Kopie der Nordwestseite.

Starcke (1630–1695). Sich in der Behörde langsam hocharbeitend, beförderte man den jungen Herforder 1686 zum Baukondukteur und nach dem Tode Markus Conrad Dietzes (1658–1704) im Jahre 1705 zum Landbaumeister. Für Hoffeste entwickelte er 1697 Arkadengalerien, die ein temporäres ovales Amphitheater schmückten. Das gleiche Arkadenmotiv verwendete er für das quadratische und größere Amphitheater des Jahres 1709, das etwa fünf Jahre Verwendung fand. Zuerst mit bürgerlichen

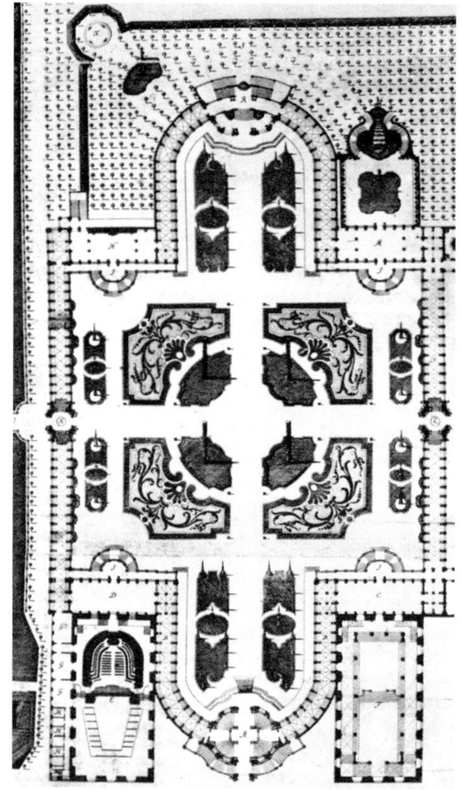

Ausgeführter Zwingergrundriss nach einem Kupferstich Pöppelmanns von 1729. Er bildet sowohl die französische Gartenanlage als auch das 1719 im Südosten fertiggestellte Opernhaus (links unten) und das Redoutenhaus (rechts unten) ab.

Wohnbauten für private Bauherren beschäftigt, unterstützte er seit 1701 Dietze bei den Schlossbauplänen. Ab 1707 errichtete Pöppelmann für Anna Constantia Reichsgräfin von Cosel, geb. von Brockdorff (1680–1765), Mätresse August des Starken, am Taschenberg ein Palais – den Mittelbau des heutigen Taschenbergpalais. 1709 vertraute ihm Friedrich August I. den Bau seiner Orangerie am hohen Wall an. Um dafür Anregungen zu sammeln, schickte ihn sein Landesherr 1710 auf Bildungsreise u. a. nach Prag, Wien, Rom und Neapel. Er besuchte den kaiserlichen Hofarchitekten, Bildhauer, Kunstmaler, Antiquare, ließ sich von Schlössern, Palazzi, Villen, Säulen, Triumphbögen, Terrassen, Treppenanlagen, Brunnen, Grotten, Kaskaden, Wassertheatern und Gärten inspirieren, studierte Deckenmalereien, Plastiken von gewaltigen Atlanten und Hermen. Details von Villen am Hügel von Frascati finden sich z. B. als Adaption im Nymphenbad hinter dem Französischen Pavillon des Zwingers wieder. Heerscharen von Kunsthistorikern waren bemüht, in detektivischer Kleinarbeit herauszufinden, wo überall Pöppelmann Anregungen zur

Jahrmarkt im illuminierten Zwinger anlässlich der Vermählung des Kurprinzen am Abend des 17. September 1719. Zeitgenössische Radierung

Langgalerie, den Brunnennischen, dem Triumphbogen des Kronentores oder dem Grottensaal des Mathematisch-Physikalischen Salons fand. Der Architekt legte dem Kurfürsten immer neue Pläne für die Orangerie vor. Und zauberte Bilder, wie man den neuen Garten zur Stadt erweitern und künstlerisch ausgestalten könne. Indem er die Anlage, unter Opferung vieler alter Gebäude, gedanklich bis zum Residenzschloss und Taschenbergpalais erweiterte, vermochte er Schönheitssinn und Baulust seines Herrschers ins Immense zu steigern. Dieser war so fasziniert, dass er gegen alle Bedenken von Flemming und Wackerbarth für den westlichen Eckpavillon sogar den Festungswall durchbrechen ließ und damit die Verteidigungsfähigkeit der Stadt aufs Spiel setzte. Auch die angrenzende Langgalerie im Südwesten auf der Festungsmauer sorgte bei den Militärs für Entsetzen. Vor allem der Durchbruch für das durch grazile Leichtigkeit brillierende Kronentor, welches ursprünglich als Herkulestor geplant war. Es ist dem italienischen Hochbarock und antiken Triumphtoren entlehnt. Pöppelmann wollte die Festungsmauer hier eigentlich nicht antasten, plante eine Treppenanlage über sie. Doch 1714 durchschnitt man die dicke Mauer. Einziges Entgegenkommen für die Hüter der Verteidigungsanlagen: Statt einer Steinbrücke

„Der Zwingergraben in Dresden" (133 mal 235 Zentimeter groß, Öl auf Leinwand), Vedutenmaler Bernardo Bellotto (1722–1780) schuf das Gemälde 1749 bis 1753. Mathematisch-Physikalischer Salon und Kronentor sind zu sehen. Dahinter das Opernhaus, Schieferdach und Giebel der Sophienkirche. Der markante Turm gehört zur Kreuzkirche. Rechts liegt die Ostra-Allee mit Opernwerkstatt im Fachwerkbau, hinten das Wilsdruffer Tor.

führte der in Notzeiten schnell zu beseitigende Holzsteg über den Wallgraben.

1715 kam Pöppelmann in den Genuss weiterer Architekturstudien, die ihn vor allem nach Frankreich (u. a. Schloss und Park von Versailles), aber auch in die Niederlande führten. 1718 errang der Weitgereiste als Nachfolger von Johann Friedrich Karcher (1650–1726) das Amt des Oberlandbaumeisters. In atemberaubender Geschwindigkeit, ja überhasteter Eile, hatte er bis zur Hochzeit des Thronfolgers im August 1719 nicht nur gewaltige Arbeiten an der Orangerie zu beenden, die durch Umplanungen zum komplett von Gebäuden umschlossenen, 204 mal 116 Meter großen, Festareal werden sollte. Dem glücklichen Einfall, die bisherigen Bauten am Wall nochmals spiegelbildlich zu errichten, verdankt der Zwinger seine symmetrische Grundrissfigur. Auch zahlreiche andere Neubauwünsche Augusts des Starken waren in jenen Monaten zu befriedigen. Als der kurfürstliche Hof im Rahmen der Vermählungsfeierlichkeiten mehrere Tage lang im Zwinger feierte, das märchenhafte Bauwerk z. B. am 15. September 1719 mit dem „Jupiterfest" samt einem

Titelblatt des opulenten Zwinger-Kupferstichwerks, das Matthäus Daniel Pöppelmann 1729 herausgab.

„Carrusel der vier Elemente" taufte, waren einige noch unvollendete Bereiche nur durch temporäre Verkleidungen und Dekorationen kaschiert. Es sollte noch weitere neun Jahre dauern, bis der Zwinger aus Sandstein mit dem Stadt- bzw. Glockenspielpavillon samt Bogengalerie seinen vorläufigen baulichen Abschluss fand. Rätselhaft bleibt, ob Pöppelmann die Sandsteinfassaden – wie damals üblich – der Einheitlichkeit wegen mit einer hellsteinfarbenen Schlämme überzog. Auf jeden Fall ließ er die Kupferdächer des Zwingers blau streichen. Denn die Bildung der typischen Patina benötigte viele Jahre. Auch dürften Ornamente vergoldet worden sein. 1729 gab der geniale Baumeister eine Sammlung von 22 Kupferstichen zu seinem wichtigsten und größten Werk heraus, welche den Dresdner Zwinger an den Höfen Europas bekannt machten. Hofarchitekt Pöppelmann schuf daneben diverse evangelisch-lutherische Kirchenbauten und führte auch kuriose Aufträge wie das Königsteiner Riesenfass (238.600 Liter fassend) oder einen Stollenofen für ein 1,8 Tonnen schweres Gebäck anlässlich des Zeithainer Lagers für seinen Landesherren aus. Pöppelmann, zweimal verheiratet (sieben Kinder aus erster Ehe), überlebte August den Starken drei Jahre, wurde in der Gruft der Matthäuskirche in Dresden-Friedrichstadt bestattet.

Die Nordostseite seines Zwingers zur Elbe hin blieb lange ein arkadenartiges Provisorium. August der Starke plante hier einen zweiten Hof, ja den Anschluss zu einem neuen Schloss. Immer grandioser erscheinende Pläne zeigten zuletzt sieben Schlosshöfe. Der Traum von der prächtigsten Residenz Mitteleuropas scheiterte schließlich an Geldmangel.

Architektonische Virtuosität ist jedoch nur die eine Seite des Zwingers. Seine Einzigartigkeit und Unverwechselbarkeit rühren vom Verschmelzen von Baukunst und Bildschmuck her. Rund 700 Putten, Vasen, zierliche und groteske Sandsteinfiguren auf den vier zweigeschossigen Eckpavillons, auf Wall- und Stadtpavillon, an Bogengalerien und Langgalerie mit dem Kronentor bilden quasi einen steinernen Garten. Diesen schufen Künstler um Hofbildhauer Balthasar Permoser (1651–1732). Er wurde in Kammer, heute einem Ortsteil der oberbayerischen Stadt Traunstein, geboren und absolvierte in Salzburg die Ausbildung zum Bildhauer. Nach Stationen in Wien, Florenz, Genua, Venedig und Rom ernannte ihn Sachsens Kurfürst Johann Georg III. im Jahre 1689 zum

Hofbildhauer. 1704 einem Ruf nach Berlin folgend, kehrte er 1710 endgültig an die Elbe zurück. Der gereifte Künstler und strenggläubige Katholik, dessen dichter Bart in Dresden besonders auffiel, befasste sich ab 1711 mit dem Skulpturenschmuck am Zwinger und hatte hier nach Pöppelmann die Oberleitung inne. In seiner großen Werkstatt standen dem bei harter Arbeit durch schon abnehmende Kräfte und schwankende Gesundheit gekennzeichneten Permoser sicher zahlreiche Mitarbeiter zur Seite, von denen Geselle Johann Benjamin Thomae (1682–1751) aus Pesterwitz zuerst 1712 namhaft wird. Im Solde Permosers oder ohne Spuren zu hinterlassen beim Oberbauamt in Lohn stehend, sind über die am Zwinger beteiligten Bildhauer wenig Informationen erhalten. Die Akten erwähnen noch einen 1717 verstorbenen Hofbildhauer Christoph Turner, auf den Johann Christian Kirchner (1691–1732) aus Merseburg folgte. Zweifelhaft ist, ob der 1715 in Paris angeworbene Francois Coudray (1678–1727) beim Zwinger zum Einsatz kam. Gesichert gilt eine längere oder kürzere Mitarbeit von Meister Paul Heermann (1673–1732) aus Weigmannsdorf im Erzgebirge, Johann Joachim Kretzschmar (1677–1740) aus Zittau, Johann Matthäus Oberschall (1688–1755) aus der Lausitz und Paul Egell (1691–1752)

Balthasar Permoser, Stich von Moritz Bodenehr (1665–1749) um 1710

aus Waibstadt. Kunsthistoriker Jean Louis Sponsel (1858–1930) geht davon aus, dass jedem Gehilfen Permosers ein spezielles Gebiet wie Kinderfiguren oder Vasen zugewiesen war. Bei ornamentalen Verzierungen glaubt er die Handschrift Thomaes zu erkennen, beim derberen Kaskadenschmuck der Südgalerie jene Kirchners. Werkstattleiter Permoser, der dem harten Stein kühne Bewegungen und eigenwillige Mimik einhauchte, durch Leidenschaft und ins Dramatische gesteigerte Gefühle Leben verlieh, arbeitete auf jeden Fall persönlich am Grottensaal unter dem Mathematisch-Physikalischen Salon. Im Nymphenbad ist von ihm die Nymphe mit der Muschel zu bewundern. Apollon und Minerva von seiner Hand befinden sich beide seit 1890 in der Skulpturensammlung. Natürlich stammt von ihm auch die wichtigste Zwingerfigur, Herkules. Der nach Vollendung 1716–1718 mit den Initialen „B. P." signierte Herkules samt

„Hercules Saxonicus" von Permoser krönt den Wallpavillon und findet sich seit dem Brand 1849 auch als Kopie auf dem Stadt- bzw. Glockenspielpavillon. Der die Weltkugel tragende, in den Olymp aufgenommene, Heros verkörpert Barock-Titan August den Starken.

Auch der Kopf der westlichen Herme des Wallpavillons wird Permoser zugeschrieben.

Weltkugel sollte ursprünglich das Herkulestor, das spätere Kronentor, krönen. Doch nach Änderung der Pläne durch August den Starken fand er seinen Platz auf dem Wallpavillon.

Einfältig, lüstern, verschroben und verschlagen, mit fletschenden Zähnen blicken Satyrn von den Konsolpfeilern im Hof, versprühen Faunköpfe das Bösartige, das Teuflische, bannen den Betrachter mit ihren toten Augen. Wer sich nicht von den hypnotischen Blicken der „1000 Gesichter" lösen kann – so wurde gemunkelt – verfällt dunklen Mächten. Legenden umwehen die geheimnisvollen Antlitze, die magischen Köpfe, die rätselhaften Gestalten u. a. der Bogengalerien des Zwingers. Keins dieser hakennasigen, gehörnten und ziegenfüßigen Fabelwesen gleicht dem anderen. Man kann Stunden hier verweilen und entdeckt doch immer wieder Neues! Furchterregende Dämonen, mächtige Götter, berühmte Sagengestalten bis hin zu lieblichen weiblichen Naturgeistern machen das einzigartige Flair dieses barocken Wunderwerkes aus. Sachsen-Fürst August der Starke, welcher sich als irdischer Olympier, als deutscher Apoll und Herkules zugleich fühlte, ließ hier durch Pöppelmann und Permoser ein Gesamtkunstwerk entstehen, das sowohl sakral als auch imperial ist. Über allem thront in kultischer Mitte – den Göttern ebenbürtig – der Herrscher

Nördliche Dreiergruppe Satyrhermen des Wallpavillons aus der Permoserwerkstatt

abwechseln, bilden die Unterwelt. In diesem Höllenreich herrschen seltsame Mischwesen aus der griechischen Mythologie. Man teilt sie in die Silene (ältere Satyrn mit dicken Bäuchen und Glatzen) und Satyrisken (jugendliche und kindliche Satyrn). Satyrn und Silene gehörten zur lüsternen Kampftruppe des Dionysos, versetzten mit dem Geschrei ihrer Esel sogar Giganten in Furcht und Schrecken, trieben diese in

selbst als „Hercules Saxonicus". Der Zwinger ist nichts anderes als der für Sachsens glanzvollsten Monarchen in Stein gemeißelte Kosmos eines Weltenherrschers. Kauernde bocksfüßige Satyrn, welche sich mit Faunsmasken

die Flucht. Mitunter stupsnasig, glatzköpfig und immer unbekleidet haben sie neben tierischen Extremitäten meist Ohren und Schweif von Eseln und Pferden. Ihnen ähnlich und manchmal mit ihnen gleichgesetzt werden die Faune – das Volk von kleinen, behaarten Waldbewohnern. Die Wesen mit menschlichem Oberkörper, oft gekrümmten Hörnern auf dem Kopf und Ziegenbeinen machte man nach lateinischer Tradition für das nächtliche Albdrücken verantwortlich. In der mittleren Zone von Augusts Weltmodell auf den Pfeilern der Galerien wohnt das Puttenvolk und über diesen an den Dächern der Pavillons erblickt der Betrachter Götter, Helden und natürlich den Gottgleichen selbst.

Vom Genie Permosers dürften auf jeden Fall noch die Hermen am Wallpavillon sowie Ceres und Vulkan in den Nischen am Kronentor auf uns überkommen sein. Der bedeutendste und einflussreichste Vermittler der Ideen der italienischen Barockplastik nach Deutschland fand seine letzte Ruhestätte auf Dresdens Altem Katholischen Friedhof an der Friedrichstraße. Das Grabdenkmal – eine große Kreuzigungsgruppe schuf er vor seinem Tode noch selbst. Es ist seit 1914 in einem Anbau der Friedhofskapelle vor Witterungseinflüssen geschützt.

Die Nischenfigur „Vulkan" links auf der Grabenseite am Kronentor – eine Arbeit Permosers.

Aus der Orangerie wird ein royaler Museumspalast

Die Historie des Dresdner Zwingers ist auch die Geschichte einer faszinierenden Metamorphose. Innerhalb von nur zwei Jahrzehnten wandelte sich seine Zweckbestimmung vom „Hortus Hesperidum“ (Garten, eher Orangerie) über das „Theatrum Heroicum“ (Festspielplatz) zum „Palais Royal des Sciences“ – dem Königspalast der Wissenschaften, einem Museumstempel.

August der Starke favorisierte die neue Nutzung um das Jahr 1728. Das Rokoko mit intimen Festen in kleinen Lusthäusern auf dem Lande, wo der Ur- und Hochadel unter sich blieb, hatte die kostspieligen pompösen öffentlichen Bälle, Gastmahle, Schnep-

Plan der „Koeniglichen Naturalien-Galerien und Curiositaeten-Cabinette“ im Zwinger anno 1755

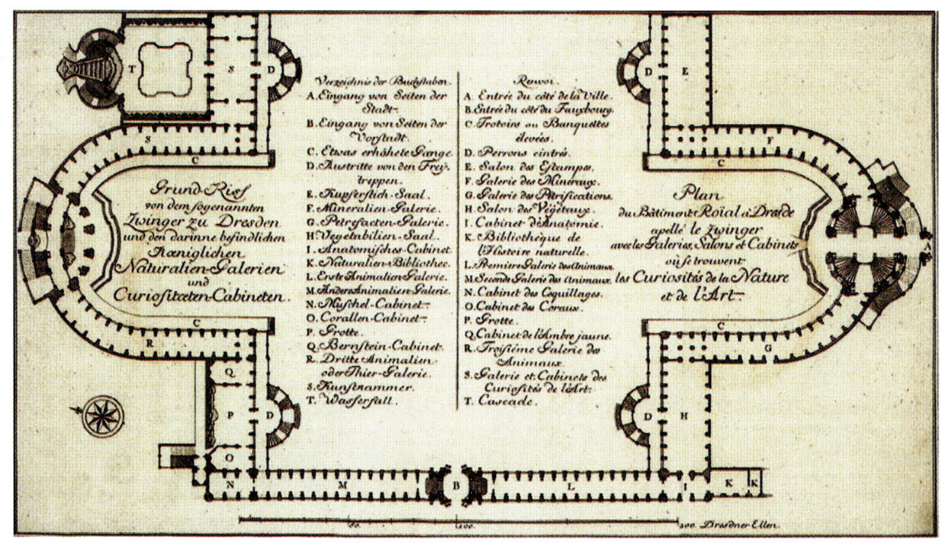

per-Schießen, Illuminationes, Jahrmärkte und Wirtschaften aus der Mode kommen lassen. Lang war es her, dass der Zwinger 1721 die „Kramer Budiquen" und ein Jahr später ein „Caroussel comique" mit acht Reiterquadrillen in italienischen Masken sah. Noch im Januar 1728 weilten Friedrich Wilhelm I. von Preußen (1688–1740) und Kronprinz Friedrich (1712–1786) als Gäste beim Dresdner Karneval. Am 19. Mai des gleichen Jahres wies der kurfürstliche Minister und Oberkammerherr Heinrich Friedrich Graf von Friesen (1681–1739) den Umzug der „Koeniglichen Naturalien-Galerien" und „Curiositaeten-Cabinete" ins moderne Zwingergebäude innerhalb von sechs Wochen an. Bereits 1718 hatte Kunstkenner und Kunstsammler August der Starke begonnen, die naturhistorischen Sammlungsbestände von den anderen Kollektionen der einst von Kurfürst August (1526–1586) im Jahre 1560 im Schloss begründeten Kunstkammer abzutrennen. Diese Strukturreform leitete sein auf den Gebieten der Botanik, Geologie, Mineralogie und Zoologie außerordentlich sachkundige Leibarzt Johann Heinrich von Heucher (1677–1747), der von 1720 bis zu seinem Tode Generalinspektor der „Galleries des Sciences" in Dresden war. Der weltweit ersten Spezialsammlung auf diesem Gebiet vorstehend, nahm man Heucher sogar als Mitglied in der Royal Society London auf.

Das Schicksal der Kunstkammer, seit 1560 in sieben Räumen des Residenz-

Älteste Zeichnung des alten Sammlungssaales im Obergeschoss des Mathematisch-Physikalischen Salons

schlosses über den kurfürstlichen Wohngemächern untergebracht und beim Schlossbrand 1701 mit Mühe und Not gerettet, war kein Einfaches gewesen. Die Gemälde und Antiken hatte man 1720 abgesondert und die verbliebenen Gegenstände an drei Orten interimistisch ausgelagert: über dem Klepperstall, im Frauenmutterhaus am Ende der Kreuzgasse an der Stadtmauer und im Regimentshaus am Jüdenhof. Ab 1723 fand die Kunstkammer Unterschlupf in zehn Sälen des „Holländischen Palais" (später Japanisches Palais). Doch als das Palais 1727 umgebaut wurde, kamen Teile der Sammlungen ins Flemmingsche Haus (Landhaus) bzw. wieder ins Schloss.

1728 löste man die mathematischen und astronomischen Instrumente der Kunstkammer wie Uhren, Messgeräte, Armillarsphären, Globen oder Fernrohre als Spezialsammlung heraus, gab ihnen die Bezeichnung „Cabinet der mathematisch- und physicalischen Instrumente". Dies befand sich bis 1746 in Räumen des heutigen Glockenspielpavillons. 116 Uhren blieben aber in der bis 1832 bestehenden Kunstkammer im Schloss zurück. Unter Kurfürst Friedrich August II. (1696–1763) erfolgte 1746 noch einmal eine Umbenennung in „Mathematisch-Physikalischer Salon". Die Instrumente wurden ins Obergeschoss des 1710 bis 1714 auf- und ausgebauten westlichen Zwingerpavillons an der Festungsmauer über dem Grottensaal verlagert. Besucher sollen nicht nur von der Sammlung, sondern auch vom Ambiente fasziniert gewesen sein. Denn dieser repräsentative Saal verfügte über das 1723 fertiggestellte Deckengemälde „Olympischer Götterhimmel" von Louis de Silvestre (1675–1760, beim Inferno von Dresden 1945 zerstört). Obere Säle der drei Pavillons im Südostteil des Zwingers beherbergten die Bibliothek und wohl auch das Münz- und Medaillenkabinett. Im Erdgeschoss des östlichen Eckpavillons kam die Kupferstichsammlung unter. Das Erdgeschoss des südlichen Eckpavillons und alle Galerien erhielten die Naturaliensammlung. Erst nach dem Tode Augusts des Starken kam im oberen Saal des Wallpavillons das aus Hamburg eingetroffene große Modell des Tempels Salomons zur Aufstellung. Die Sammlungen wechselten im Verlauf der Jahrhunderte, wurden ver-

Als Bernardo Bellotto mit seiner Camera obscura vom Wallpavillon aus Perspektivstudien betrieb und dann bis 1753 den „Zwingerhof in Dresden" auf die 134 mal 237 Zentimeter große Leinwand bannte, erinnerte nichts mehr an Pöppelmanns prächtige Gartenanlagen. Der ganze Hof war wüst, wurde vom Künstler durch Staffage belebt.

legt. Nur die mathematischen und physikalischen Instrumente blieben bis heute am alten Ort – dem Mathematisch-Physikalischen Salon!

Um die Orangen mussten sich weder Hofgärtner noch Monarch sorgen. Für diese wurde bis 1730 im nahe gelegenen Herzogin-Garten ein Orangerie-Gebäude errichtet. Kurfürst Friedrich August II. bzw. als Polen-König August III. hatte an der Lieblingsschöpfung seines Vaters wenig Interesse. Er erinnerte sich nur an den Zwinger, wenn die Hochzeitsfeste seiner Kinder anstanden. Sonst blieb das Wunderwerk des Barock – so zeigt es auch das zwischen 1749 und 1753 entstandene Gemälde Bernardo Bellottos (1722–1780) – vernachlässigt. Kein Orangenbaum ist aufgestellt, kein Gartenbeet angelegt.

Das 19. Jahrhundert mit Sempers Galeriebau für Gemälde

129 Jahre lang ein Provisorium, galt die Nordostfront des Zwingers lange als jener Gebäudeteil, der die Gemüter erhitzte. August der Starke und Pöppelmann hatten den Zwinger zur Elbe hin mit einer temporären Konstruktion aus Holz versehen. Denn ihnen schwebte die Weiterführung des Ensembles, als Teil eines neuen Schlosskomplexes, bis zum Fluss vor. Allerdings blieben dies visionäre Ideen. Bis zur Mitte des 19. Jahrhunderts war der exponierte Stadtraum zwischen Zwin-

Nach 1720 entstandene Abbildung des Zwingers und Umgebungsbebauung aus der Vogelschau von Karl Georg Enslen (1792–1866). Eine Mauer schließt das barocke Ensemble nach der Elbe hin ab.

Getümmel im Innenhof des Zwingers vor der Sempergalerie. Kupferstich, 1877

ger und Elbe ein Ort des Jammers, ja trauriger Verwahrlosung. Hier standen noch die zur Erbauungszeit der Katholischen Hofkirche (1739–1759) ungeordnet angelegten Bauhütten und Wohnstätten italienischer Handwerker und Künstler. Dieses Sammelsurium kleiner Häuschen, Bretterbuden und Kneipen nannten die Dresdner nur euphemistisch „Italienisches Dörfchen“. Der 1834 als Professor der Baukunst an die Königliche Akademie der Bildenden Künste zu Dresden berufene Gottfried Semper (1803–1879) wollte die höchst unbefriedigende Situation zwischen Zwinger, Hofkirche, Schloss und der bis 1830 abgetragenen Festungsanlagen beenden. 1837 legte er erste Entwürfe zu einer Erweiterung des Zwingers und eines Hoftheaters vor. Sein „Forumplan“ sah vor, den Französischen Pavillon durch eine Orangerie und das Opernhaus weiterzuführen, während sich gegenüber als Pendant zum Deutschen Pavillon eine Bildergalerie anschließen sollte. Die Schinkelwache wollte er an die Elbe versetzen – quasi als Schlusspunkt in der Achse des Kronentores. Zum Wasser hin sollte eine große Freitreppe mit Schiffsanleger wie vor Schloss Pillnitz, Japanischem Palais

Zeitgenössischer Kupferstich der Sempergalerie vom Theaterplatz. Links ragt der südwestliche Anbau der 1871 bis 1878 errichteten zweiten Semperoper ins Bild.

oder Schloss Übigau führen. Statuen einer Friedens- und einer Siegesgöttin auf Säulen über hohen Sockeln würden die Bewunderer an die Löwen von San Marco in Venedig erinnern. Somit wäre hier ein Forum als republikanische Rezeption antiker Plätze entstanden. Wie alle Planer vor ihm scheiterte auch er mit seinem Konzept an den Kosten. Lediglich das 1841 eröffnete erste Königliche Hoftheater (die erste Semperoper, 1869 abgebrannt) wurde ausgeführt. Jedoch entschied man 1846, den Zwinger durch eine Gemäldegalerie abzuschließen. Dafür reiste Semper, um Galerien anderer Länder kennenzulernen, sogar nach Italien. Sempers Plan war nicht ganz neu. Bereits im 18. Jahrhundert favorisierte z. B. Jean de Bodt (1670–1745) einen ähnlichen Galeriebau. Zuvor hatten die Oberlandbaumeister Zacharias Longuelune und Johann Christoph Knöffel Entwürfe zur Diskussion gestellt.

Für Semper glich der Galerieentwurf fast einer Quadratur des Kreises. Musste er doch sowohl die Auflagen und Vorstellungen des damaligen Landtages, eines Zweikammer-Parlaments, als auch jene des Königs berücksichtigen. Alle wünschten die Dominanz des neuen Gebäudeteils gegenüber dem Vorhandenen. Der Zeitgeist verkannte damals völlig den Wert der Architektur Pöppelmanns. Dessen barocke Kunstrichtung galt als hässlich und unzeitgemäß. Herabwürdigend diskreditierte Preußens Architekt Karl Friedrich Schinkel (1781–1841) den Zwinger als ein Bauwerk „voll erstaunlicher Muschel- und Blumenpracht im schlechtesten Stil". Hätte der Museums-Gebäudekomplex nicht seine Nützlichkeit bewiesen, wäre er vielleicht sogar abgerissen worden. Nach Einsturz des Grottensaales im Mathematisch-Physikalischen Salon verschwand dessen barocke Raumgliederung gänzlich. Veränderungen erlebten auch die Außenanlagen. Zugeschüttet verschwanden die den Zwinger an zwei Seiten umgebenden Festungsgräben. Den nördlichen Wall zierte jetzt ein Park im englischen Landschaftsstil und im Innenhof thronte inmitten von heckenumsäumter Rasenflächen seit 1843 Sachsens erster König Friedrich August I., der Gerechte (1750–1827) auf einem Denkmalsockel. Die Arbeit von Ernst Rietschel (1804–1861) wurde 1929 entfernt. Seit 2008 fand der sitzende Monarch auf dem Schlossplatz einen neuen Aufstellungsort.

Sempers Entwurf wurde schließlich zur Ausführung angenommen und im Sommer 1847 begannen die Bauarbeiten für die 127,35 Meter lange und 23,77 Meter hohe Gemäldegalerie. Formen der Hochrenaissance adaptierend, entstand ein dreigeschossiger Sandsteinbau, dessen Schaufassade in 23 und die Seitenfassaden in drei Achsen unterteilt sind. Die Außenfassade zieren 120 Sandsteinskulpturen, darunter 12 Statuen. An der Zwingerseite sind Statuen des christlich-abendländischen Kulturkreises von Dante Alighieri, Giotto, Holbein, Dürer, Peter von Cornelius, Goethe, Raffael und Michelangelo zu bewundern, an der Elbseite jene der klassischen Antike entlehnten von Perikles, Phidias, Lysipp und Alexander dem Großen. Nach Sempers Flucht 1849 wegen Teilnahme am Dresdner Maiaufstand bekamen Landbaumeister Karl Moritz Haenel (1809–1880) und Sempers treuer Schüler, Hofbaumeister Bernhard Krüger (1821–1881), die Aufgabe, den Bau bis 1854 zu vollenden. Entgegen dem Plan Sempers wurde die oktogonale Kuppel, welche den Bau nur um 8,97 Meter überragt, viel flacher. Den plastischen Fassadenschmuck modellierten die Dresdner Bildhauer Ernst Rietschel und Ernst Julius Hähnel (1811–1891). Zeitgenossen rühmten die Dresdner Sempergalerie als das „großartigste und am reichsten verzierte Museumsgebäude der neuesten Zeit", endlich etwas, was „der Ehre der Krone wie der Nation" würdig sei.

Als Ende des 19. Jahrhunderts das Verständnis für den Barock wiedererwachte – großen Anteil daran hatte das Werk „Die Architektur und das Kunstgewerbe des XVII. und XVIII. Jahrhunderts" von Robert Dohme (1845–1893) und Cornelius Gurlitt (1850–1938) – erfasste die Kritik der Kunsthistoriker nun Sempers Galeriebau mit großer Heftigkeit. Für Hubert Maximilian Ermisch (1850–1932) wurde er zum „Fremdkörper", zu einer „vierten Wand". Jean Louis Sponsel (1858–1930) sah in Sempers Werk die „schwerste Beeinträchtigung" für Pöppelmanns Schöpfung. Denn „dessen wuchtige Rustikamauern und breite Schäfte", ständen in „keinem Verhältnis zu dem feinen und zierli-

Dresdner Zwinger mit Langgalerien und Semperbau. Der Fotograf postierte sich 1875/88 auf Webers Hotel. Bis in die 1820er Jahre war der Wallgraben verfüllt und ein Garten vor dem Kronentor angelegt worden. Erst bei der großen Zwingerrestaurierung 100 Jahre später hob man den alten Festungsgraben wieder aus, errichtete 1929/30 erneut die Brücke.

chen Gliederwerk des Zwingers". Dessen erhöhte Lage drücke „den Zwinger in die Tiefe".
Doch dann lobte Fritz Schumacher (1869–1947) Sempers feingegliederte, schmuckfreudige Art, welche über den Maßstabunterschied hinwegleitete, dem Zwinger die Hauptmelodie

Heutiger Blick auf die Sempergalerie mit den Alten Meistern vom Theaterplatz aus

in diesem „Prunkstück baulicher Kammermusik" sichere. Mit dem heutigen zeitlichen Abstand darf man alles noch gelassener, milder, versöhnlicher betrachten, gilt die Sempergalerie als gelungenes Bindeglied zwischen Zwinger und Theaterplatz. Ein Gebäude fern jeder Dominanz oder Unterordnung. Umgeben von Katholischer Hofkirche und Schloss entstand durch den Bau der Gemäldegalerie und des Hoftheaters wohl einer der spannungsreichsten und ausgewogensten Plätze Europas, dessen neue bürgerlich-höfische Monumentalbauten sich nach Kurt Milde (1932–2007) „ernst und doch mit südlicher Heiterkeit in die berühmte Barocksilhouette einpassten."

Wie Revolution, Kriege und Verfall dem Zwinger zusetzen

Die Geschichte des Dresdner Zwingers ist auch eine leidvolle Abfolge von für das Bauwerk desaströsen Ereignissen, Phasen des Wiederaufbaues, Umgestaltungen, Verfall und Bemühungen zur Rettung, teilweise mit ungeeigneten konservatorischen Methoden.

Im Siebenjährigen Krieg wurden durch preußischen Beschuss 1759/60 ein Teil der Vasen und Putten von den Galerien des Zwingers zerstört, ebenso einige Satyrn. 1768 bei Inspektionen entdeckte Risse in Wänden

Das zerstörte Opernhaus und der Stadtpavillon. Teile des Dresdner Zwingers waren nach der Brandstiftung durch Revolutionäre im Jahre 1849 nur noch Ruinen.

und Decken, durch welche Regenwasser eindrang, deuteten zudem schwere Baumängel an. Es dauerte über zwei Jahrzehnte, bis man die Kraft fand, diese Schäden zu beheben. 1783 bis 1795 leitete Hofbaukondukteur Johann Daniel Schade (1730–1798) die erste Zwingerrestaurierung. Bildhauer wie Johann Baptist Dorsch (1744–1789), Thaddäus Wiskotschill (1753–1795) und Johann Christian Feige d. J. (1720–1788) standen ihm zur Seite. Wiskotschill erneuerte z. B. vier Satyrn im westlichen Nebenhof links des Wallpavillons. Ab 1786 erhielt der östliche Portalpavillon (Stadtpavillon) endlich seinen figuralen und ornamentalen Schmuck, denn seit der Errichtung hatte man die rohen Sandsteinbossen der Bündelpfeiler ein halbes Jahrhundert lang unbearbeitet gelassen.

Der Stadtpavillon mit Schornstein um 1875. Erst durch den Anschluss des Zwingers an das Fernheizwerk im Jahre 1898 verschwanden die unschönen Essen auf den Kupferdächern.

Erneute Beschädigungen brachten die napoleonischen Kriege 1806 bis 1813 mit sich. Jahrzehnte später war Revolutionszeit. Aufständige setzten am 6. Mai 1849 das als strategisch nachteilig angesehene Opernhaus in Brand. Dessen Feuer griff auf den dahinterstehenden Pavillon mit dem naturwissenschaftlichen Museum (Deutscher Pavillon), die Galerien und den Stadtpavillon des Zwingers über. Auch der Zoologische Pavillon (heute Porzellanpavillon) wurde von einem schweren Brand heimgesucht. Dass in den Flammen die europaweit bedeutsamen Sammlungen der „Sächsischen Gesellschaft für Botanik und Gartenbau – Flora" mit einer 6000 Objekte umfassenden Herbarienkollektion und der wissenschaftlichen Bibliothek mit über 800 Bänden verbrannten, war ein zusätzlicher unersetzbarer Verlust. Barrikaden-Revolutionär Richard Wagner (1813–1883) erinnerte sich in seinen Lebenserinnerungen der „wunderbar bläulichen Flammenwellen", mit denen die Kupferdächer verglühten. Teile des Schmuckes wie der stadtseitige „Hercules Saxonicus" stürzten in die Tiefe, zerbarsten. 1852 bis 1857 restaurierten Schüler von Julius Hähnel (1811–1891) die Zwingerplastik im nüchternen Neorenaissancestil. Die zweite Restaurierung dauerte von 1857 bis 1863. Unter

Bäume und Sträucher hatten bis zur vierten Zwingersanierung das Nymphenbad überwuchert. Bereits um 1855 galt dieses Kleinod als teilweise einsturzgefährdet.

Moritz Haenel (1809–1880) beseitigte man nicht nur Revolutionsschäden. Es wurde der Versuch gestartet, das verwitterte Erscheinungsbild des alten Zwingers farblich der neuen Sempergalerie anzugleichen. Vom Ölfirnisanstrich erhofften sich die Sanierer auch eine Schutzwirkung gegenüber Umwelteinflüssen. Doch unter der Farbe zirkulierendes Kondens-, Kapil-

Der Zwingerhof mit dem Denkmal von Sachsen-König August dem Gerechten um 1900. Seit 1868 überragten die hohen neogotischen Turmspitzen der Sophienkirche das Ensemble.

Diese Impression des Innenhofes mit längst verschwundenem Brunnen und Königs-Denkmal schuf 1906 der Maler und Illustrator Paul Geißler (1881–1965).

lar- und Regenwasser verbunden mit Versalzungen entfalteten eine noch ungeahnte zerstörerische Kraft. Haenel ließ anstelle des zerstörten Opernhauses und des abgerissenen Carlowitz'schen Hauses hinter dem Porzellanpavillon und dem Deutschen Pavillon eingeschossige Museumsanbauten mit Plattform und Oberlicht anfügen. Einen Anbau errichtete er auch nördlich zwischen Gemäldegalerie, Französischem Pavillon und Nym-

Mathematisch-Physikalischer Salon und Wallpavillon mit damaliger Hofgestaltung im Jahre 1910

Baubuden, Gerüste und Materiallager. Während der vierten großen Restaurierung unter Hubert Ermisch ist der Dresdner Zwinger im Jahre 1929 eine einzige Baustelle.

phenbad für das Kupferstichkabinett (heute Galeriecafé „Alte Meister").

Eine der unzweckmäßigsten Veränderungen erlitten die Schauseiten des Zwingers bei der dritten Restaurierung von 1890 bis 1898. Durch Abspritzen zog man den an der Oberfläche verwitterten Figuren quasi ihre Haut ab, beseitigte stärkere Schäden mit Portlandzement und überdeckte den ganzen Bau mit einem grauen Ölfarbenanstrich. Aus dem Boden

Zwingerteich mit dem 1826 bis 1945 existierenden „Zwingerschlösschen" und Bootsverleih

aufsteigende Feuchtigkeit brachte bei Frost unter der Farbschicht viele Teile zum Absplittern. Ab 1898 waren Farbanstriche untersagt und für Vierungen durfte nur noch bester Elbsandstein verwendet werden. Kurz nach Inbetriebnahme des Fernheizwerkes 1898 wurde zwar auch der Zwinger angeschlossen. Die vielen kleinen Schornsteine auf den Dächern, den Rauch der unzähligen Zwingeröfen ableitend, verschwanden. Doch da Ofenfeuerung in Dresden noch Jahrzehnte Standard blieb, beeinträchtigte saurer Regen das Bauwerk ungehindert weiter. Als um 1911 die Verwitterungen und Absplitterungen gewaltige Ausmaße angenommen hatten, laugte man zuerst an den Galerien am Wall die Ölfarbe ab und begann, geleitet von Bildhauer Georg Wrba (1872–1939), Bildwerke durch Sandsteinkopien zu ersetzen oder auszuwechseln. Neben denkmalpflegerischen Aspekten spielte auch der sich verändernde Stadtraum, welcher den Zwinger unmittelbar umgab, in der zeitgenössischen Diskussion immer wieder eine Rolle. Im Osten nahmen Opernhaus und Redoutenhaus (Vollendung heute umstritten) einst dem Neben-

Luftaufnahme des ab 1936 fertig sanierten Zwingers mit dem Theaterplatz und der Umgebungsbebauung bis zur Elbe

hof Luft und Licht, zur Mitte des 18. Jahrhunderts rückte das Taschenbergpalais näher heran, hundert Jahre später verfüllte man den Zwingergraben und seit 1868 überragte das Dach der Sophienkirche mit den 66,22 Meter hohen neogotischen Turmspitzen (nach 1932 kupfergedeckt) die Pavillons des Zwingers. Schließlich engte ab 1913 auch noch das Schauspielhaus nebst den angrenzenden zu hoch und zu schwer empfundenen Gebäudemassen von Südwesten das Ensemble ein.

Trotz vieler Bemühungen war der Zustand des Zwingers nach dem Ersten Weltkrieg, der wie auch die Inflationszeit fast alle Reparaturarbeiten unterbrach, besorgniserregend. Figuren stürzten von Sockeln, lagen in Dachrinnen. Der angrenzende Verkehrsraum galt durch lockere Bauwerksteile als gefährdet. Angesichts der dramatischen Situation veranlasste Ministerialrat Oskar Kramer (1871–1946) von der Baudirektion des sächsischen Finanzministeriums die Gründung der Zwingerbauhütte und bestellte am 15. Oktober 1924 Hubert Ermisch (1883–1951) zum Leiter dieser Restaurierungswerkstatt.

Die Jahre von 1924 bis 1936 gingen als vierte Zwingerrestaurierung in die Geschichte ein. Unter Ermischs Leitung sanierte man u. a. das völlig von Schlingpflanzen überwucherte, verwilderte, teilweise durch Baumwurzeln gesprengte und im Zusammenbrechen befindliche Nymphenbad – seit 1855 nur noch als Ruine bezeichnet –, legte das Deckengemälde von Fehling im Französischen Pavillon frei und setzte die Wasserkünste in Betrieb. Sämtliche Balustraden erhielten wieder Putten und Vasen, Fassaden und Dachzonen frei rekonstruierte Bildwerke. Dafür konnten im Bereich Königstein aufgegebene Sandsteinbrüche neu erschlossen werden. Vor dem Kronentor wurde erneut der Festungsgraben ausgehoben und den Zwingerhof wertete man zum Fest- und Konzertplatz auf, wo seit 1926 „Zwingerserenaden“ stattfanden. Ein 1933 an der Fassade zum Zwingerhof unter einer Uhr angebrachtes Glockenspiel aus Meissener Porzellan® (bis 1939 von erst 24 auf 40 Glocken erweitert) machte aus dem Stadt- den Glockenspielpavillon.

Verheerendste Schäden erlitt Pöppelmanns Meisterwerk am Ende des

Der im Dresdner Inferno des 13./14. Februar 1945 völlig zerstörte Wallpavillon

Zweiten Weltkriegs. Nach den angloamerikanischen Bombardements im Inferno von Dresden des 13. und 14. Februar 1945 standen nur noch ausgebrannte Ruinen, teilweise auch durch die Detonationswirkungen ihrer Gleichgewichtslage beraubte Gebäudeteile. Nüchtern konstatierte Denkmalpfleger Hans Nadler (1910–2005): „Erhalten blieben: Das Nymphenbad, die Umfassungsmauern der 4 Eckpavillons, der Langgalerien, des Stadtpavillons und des Kronentores. Der Wallpavillon war bis auf die Mauerschäfte, die aus dem Lot geraten waren, zerstört, desgleichen war auch die anschließende elbseitige Bogengalerie durch Sprengbombenvolltreffer aufs Schwerste beschädigt."

Die am 8. Mai in die Stadt einmarschierte Rote Armee untersuchte den Zwinger. Bekannt wurde der auf die rußgeschwärzte Zwingermauer mit weißer Farbe gemalte Hinweis (heute Bronzeplatte rechts am Portikus der Sempergalerie): „Das Museum wurde geprüft, keine Minen, geprüft von Chanutin". In zwei Befehlen ordneten die Besatzer der Sowjetischen Militäradministration die Wiedererrichtung von Kulturbauten an. Hubert Ermisch

Diese Tafel rechts am Portikus der Sempergalerie erinnert an Sicherungsarbeiten der Roten Armee nach dem Einmarsch am 8. Mai 1945.

ermittelte, dass neben der Wiederherstellung der Zwingerbauwerke von 850 Figuren, Vasen oder Schmuckelementen etwa 300 restauriert oder neu gefertigt werden müssten. Zu den ersten Mitwirkenden der revitalisierten Zwingerbauhütte zählten der Bildhauer Albert Braun (1899–1962) sowie die Architekten Max Zimmermann (1881–1962) und Arthur Frenzel (1899–1975). Frenzel übernahm nach Ermischs Tod die Leitung, gefolgt ab 1963 von Herbert Schneider (1903–1970) – alle standen vor einer Titanenarbeit. Die fünfte Zwingerrestaurierung dauerte bis 1963 und kostete etwa 11,8 Millionen Mark. Im Juli 1951 war das Kronentor vollendet, 1952 der Mathematisch-Physikalische Salon, 1954 drei Giebel des Wallpavillons, 1955 der Glockenspielpavillon, 1960 in vereinfachter Ausführung der Französische Pavillon, 1963 der Wallpavillon komplett.

1968 aufgelöst, erfolgte am 18. Juni 1991 die Neugründung der Zwingerbauhütte unter dem bereits 1983 zum Zwingerbaumeister ernannten Ulrich Aust (1942–1992). Sie wurde 2020 als einzige nicht kirchlich gebundene Bauhütte in das bundesweite Verzeichnis des immateriellen Kulturerbes aufgenommen, gehört zum Staatsbetrieb Sächsisches Immobilien- und Baumanagement und hat seit 2004 ihre Räume in der Kleinen Packhofstraße. Zwischen 1993 und 2019 war Karl Schöppner (geb. 1954) Leiter der Restauratoren, Steinbildhauer, Steinmetze und Azubis, heute Kai-Uwe Beger (geb. 1972).

Zur Zäsur für die Bausubstanz des Zwingers und die Depots wurde die Jahrtausendflut 2002, welche das barocke Gesamtkunstwerk mit seinen gigantischen Wassermassen umspülte, den Zwingerhof mit Wasser füllte. Dabei erwies sich das 1992 mit mo-

Ein Rettungsboot vor dem Kronentor während der Jahrtausendflut 2002

dernster Technik neu erbaute, unterirdische Hochsicherheitsdepot – die mächtige Aufzugsanlage endet im Pflaster vor der Sempergalerie (Theaterplatz-Seite) – als nicht wirklich tauglich. In einer dramatischen Rettungsaktion bargen Mitarbeiter und Helfer rund 4000 Gemälde der Galerien Alte und Neue Meister aus der Tiefe. Danach musste ein völlig neues Depot als über der Erde schwebende „Arche für die Kunst" im Hof des Albertinums an der Brühlschen Terrasse errichtet werden.

Pro Jahr investiert Sachsen in laufende Sanierungsmaßnahmen am Zwinger rund drei Millionen Euro. Um den auf etwa 70 Jahre geschätzten Lebenszyklus der Sandsteinfiguren zu verlängern, werden diese seit einigen Jahren mit einer Silikonharzlasur in 20 verschiedenen Farbtönen konserviert, die nach einigen Jahren Verwitterung die Steinstruktur wieder sichtbar werden lässt.

Ausgewählte Großinvestitionen im Zwinger waren die Sanierung der Porzellansammlung 1997 bis 2010 (18,4 Mio. Euro), die Instandsetzung des Nymphenbades 2006 bis 2008 (2,64 Mio. Euro), der Umbau des Mathematisch-Physikalischen Salons 2010 bis 2013 (17 Mio. Euro), die Komplett-Sanierung der Sempergalerie 2013 bis 2019 (49,8 Mio. Euro). Seit 1991 betragen die Gesamtinvestitionen des Freistaates Sachsen in Zwinger und Sempergalerie annähernd 200 Millionen Euro. Nachfolgende Zahlen veranschaulichen die baulichen Dimensionen: Das Gesamtareal, einschließlich Gemäldegalerie Alte Meister und Skulpturensammlung bis 1800, hat eine Größe von ca. 100.000 Quadratmeter. Davon entfallen ca. 12.400 Quadratmeter auf den Zwingerteich, ca. 1400 Quadratmeter auf Wasserspiele und Brunnen. Der Zwingerhof mit Boskettflächen umfasst ca. 16.000 Quadratmeter. Es gibt 6200 Quadratmeter begehbare Terrassen mit 1,2 Kilometer Balustraden. Hinzu kommen zahlreiche Treppenanlagen. An etwa 15.000 Quadratmeter Fassadenflächen flutet durch 370 großformatige Holzfenster Tageslicht ins Innere. Die figürliche Ausstattung umfasst nahezu 700 Skulpturen und 150 Hermen, davon 450 freistehende Figuren und Vasen. Der Gebäudekomplex bietet rund 8150 Quadratmeter Ausstellungsfläche.

Vom Glockenspiel zum Wallpavillon – ein Rundgang

Es gibt viele Möglichkeiten, den Dresdner Zwinger zu betreten. Wir beginnen unseren Rundgang durch den zweigeschossigen Pavillon an der Sophienstraße gegenüber dem Hotel Taschenbergpalais Kempinski Dresden. Die innere Treppenanlage führt auch zur Porzellansammlung. Zur Erbauungszeit Stadtpavillon getauft, wird er seit 1933 wegen seines an der hofseitigen Fassade in acht Meter Höhe unter einer Uhr angebrachten Glockenspiels aus Meissener Porzel-

Der Glockenspielpavillon an der Sophienstraße, rechts das Hotel Taschenbergpalais Kempinski

lan® Glockenspielpavillon genannt. 40 weiße Glocken erklingen heute zur Sommerzeit jede Viertelstunde, zur vollen Stunde etwas länger und um 10.15 Uhr, 14.15 Uhr und 18.15 Uhr ist sogar eine etwa fünfminütige Glockensinfonie zu hören. Prof. Günter Schwarze (geb. 1949) von der Dresdner Hochschule für Musik „Carl Maria von Weber“ komponierte 1994 die Stundenschlagmelodie. Einst war dieser Pavillon der Hauptzugang von der Stadt zum Zwinger, verfügte bis 1826 noch über eine monumentale Außentreppe zum Obergeschoss. Statuen und Schmuck ähneln denen des Wallpavillons, verkörpern allerdings eher Heroen der griechischen Sage wie Perseus, Andromeda, Paris und Helena. Jene einst das Dach bekrönende Figur des „Herkules mit der Keule“ wurde beim Brand 1849 zerstört und durch eine Kopie des „Herkules mit der Weltkugel“ vom Wallpavillon ersetzt. Alle Satyrhermen an den sechs Pfeilern der Eingänge vom Innenhof fügte man wie das Wappenschild am Giebel erst

40 Glocken aus Meissener Porzellan® unter der Uhr verleihen dem Stadtpavillon seit 1933 seinen neuen Namen, erfreuen die Besucher regelmäßig im Innenhof mit ihrem Klang.

bis 1795 hinzu. Denn beim 1728 fertiggestellten Bau blieben diese Stellen schmucklos.
Unser Weg führt nun geradeaus in die Mitte des Zwingerhofes zu dem kleinen Platz, den vier flache Bassins mit Fontänen umsäumen. Hinter diesen liegen – genauso wie vor der Sempergalerie, den Langgalerien sowie vor den Bogengalerien am Glockenspielpavillon – Rasenflächen. Der Standpunkt erlaubt, sich etwas mit dem Umfang des Gebäudekomplexes vertraut zu machen. Im Mittelteil bildet der Zwinger einen beinahe rechteckigen Hof von 107 Meter Breite und wäre bei symmetrischer Anlage 116 Meter lang geworden. Da sich an die Längsseiten jedoch Höfe anfügen, beträgt die Achse rund 204 Meter. Die Magnetnadel vom Kompass durchschneidet den Bau etwa in der Diagonale, so dass – von der Zwingermitte aus gesehen – der Französische Pavillon nach Norden und der Porzellanpavillon nach Süden weisen. Mehrfach verändert, erhielt der Zwingerhof erst 1924 bis 1936 sein heutiges Aussehen. An die Gründungsidee erinnern seit Mai 2017 wieder 76 zur Sommerzeit in Kübeln aufgestellte

Von der inneren Treppenanlage des Glockenspielpavillons bietet sich dieser reizvolle Blick zum Hausmannsturm des Residenzschlosses.

Orangenbäume. Sie stammen aus einer Baumschule in Ardena südlich von Rom, hatten 2020 bereits Kronendurchmesser von einem Meter. Den Blick noch einmal zu unserem Ausgangspunkt gewandt, sehen wir links den zweistöckigen Deutschen Pavillon. 1719 fertiggestellt, zwischen Glockenspielpavillon und Sempergalerie liegend, beherbergt er ein Café. Im Erdgeschoss, mit der Osthalle des Semperbaus verbunden, ist heute ein Teil der Skulpturensammlung zu finden. Wie sein rechtes Gegenstück hat er zur Sophienstraße hin einen eingeschossigen Anbau mit Oberlicht (1854 errichtet). An diesem führt eine Treppenanlage auf die begehbare Terrasse zwischen Sempergalerie und Glockenspielpavillon.

Rechts zwischen Glockenspielpavillon und Langgalerie steht der zweistöckige südliche Eckpavillon (erbaut 1719). Sein heutiger Name Porzellanpavillon beschreibt die 1939 erlangte Zweckbestimmung des einst „Natur-

Luftbildaufnahme mit dem Theaterplatz vorn. In Zwingermitte das 2020 temporär aufgestellte Kugelzelt der Schau „Zwinger Xperience" (heute in Bogengalerie L zu sehen)

Deutscher Pavillon mit Ausstellungsflächen der Skulpturensammlung im Erdgeschoss und Café im ersten Stock

wissenschaftlicher Pavillon" genannten Gebäudes, welches die Dresdner Porzellansammlung aufnimmt. Ausstellungsräume dieses bedeutenden Spezialmuseums erstrecken sich auch auf die südliche Langgalerie.

Die einstöckigen Langgalerien links und rechts des Kronentores im Südwesten stehen komplett auf der alten Dresdner Festungsmauer. An der Hofseite (je 15 Bogenfenster pro Galerie) beleben je fünf Brunnen die Langgalerie Fassaden. Ein fischschwänziger, wasserspeiender Triton bekrönt die jeweils größte Wasserkaskade in der Mitte. Faunkonsolen dienten früher zur Aufstellung von Orangenbäumchen. Jene vom Hof aus gesehen rechte

Porzellanpavillon in nächtlicher Stimmung. Orangenbäume in Kübeln zieren den Zwingerhof.

Langgalerie beherbergt Ausstellungsflächen des Mathematisch-Physikalischen Salons. Es lohnt auch die Langgalerie von der Ostra-Allee aus zu betrachten, wo eine Andeutung des alten Wallgrabens der Festung Dresden zu sehen ist. Hier entdeckt man bei genauem Hinschauen, dass Langgalerien und Festungsmauer nicht parallel verlaufen. Während der westliche Abschluss der Langgalerien am Mathematisch-Physikalischen Salon rechtwinklig an der Festungsmauer ansetzt, weichen sie zum Postplatz hin am Porzellanpavillon im spitzen Winkel um etwa zwei Meter voneinander ab.

Langgalerien und Kronentor von der Terrasse am Porzellanpavillon aus fotografiert.

Wenden wir uns nun dem 1718 fertiggestellten Kronentor – dem Sinnbild des Zwingers – zwischen beiden Langgalerien zu. Über eine aus Verteidigungszwecken schnell zu beseitigende Holzbrücke schuf man mit dem Kronentor einen neuen Zugang durch die Festungsmauer zur Stadt. Damaligen Militärs galt es als ein riskantes Unterfangen, für das barocke Kronentor im Stil antiker Triumphbögen die Festungsmauer zu durchbrechen. Doch gegen den Willen des Kurfürsten-Königs waren die Bedenkenträger machtlos. Heute gelangt man hier zur Ostra-Allee, wo vis-à-vis des Zwingers das Schauspielhaus steht. Die Schlusssteine der Torbögen schmücken ein Herkuleskopf mit Löwenfell (außen) und ein Frauenkopf (Hofseite). Das Kronentor fasziniert durch grazile Leichtigkeit vor allem des oberen Geschosses mit seiner nach vier Seiten geöffneten Halle. Auf der Attika stehen Vasen und zwölf Figuren, die Themen um die Jahreszeiten und Herkules repräsentieren. Denn eigentlich war das Bauwerk als Herkulestor vorgesehen, sollte Herkules mit der Weltkugel gen Himmel ragen. Als dieser dann als krönender Abschluss auf den Wallpavillon kam, wurde aus Gründen der Effizienz nur teilweise umgeplant. So recken sich an der

Wallgraben mit Langgalerien und Kronentor an der Ostra-Allee zur Winterzeit

Spitze des Kronentores vier goldglänzende polnische Adler unter der Polen-Krone. Darunter leuchten die vergoldeten Akanthusblätter auf der mächtigen kupferbedeckten Zwiebelkuppel. Fast alle am Zwinger beteiligten Meister verewigten sich am Kronentor. Permoser schuf in den Nischen der Portale Ceres und Vulkan, Kretzschmar den Bacchus, Thomae wohl die Giebelbekrönungen mit den Schlusssteinen.

Den Hof durchquerend, gelangen wir gegenüber dem Kronentor zur Sempergalerie, die seit 1854 das Ensemble zur Elbe hin abschließt. 127,35 Meter

Vom Schauspielhaus bietet sich dieser attraktive Blick auf die südwestliche Front des Zwingers mit dem einzigartigen Portalpavillon Kronentor sowie über den Hof zur Sempergalerie.

Reich geschmückt präsentiert sich das Kronentor von der Terrasse der südlichen Langgalerie.

lang, 23,77 Meter hoch und an die italienische Hochrenaissance erinnernd, stellt es einen Bruch zum barocken Zwinger dar. Der Mittelrisalit wird von einem dreifachen Portikus in Form eines Triumphbogens dominiert. Im überkuppelten Tordurchgang befindet sich der Eingang zur Galerie Alte Meister mit Skulpturensammlung. Zwischen Zwinger und Elbe liegt der Theaterplatz mit der zweiten Semperoper (1878 eröffnet, 1945 zerbombt, 1985 wiedereröffnet), der Altstädtischen Hauptwache oder Schinkelwache (erbaut 1832)

Unter der vergoldeten Krone die kupfergetriebenen vergoldeten polnischen Adler

und der in Flussnähe 1913 erbauten Gaststätte „Italienisches Dörfchen". Eine faszinierende Blickbeziehung besteht von der Mitte des Zwingerhofes zum 1889 eingeweihten Reiterstandbild für König Johann (1801–1873) auf dem Theaterplatz.

Die westliche Seite des Zwingerhofes nimmt der Mathematisch-Physikalische Salon zwischen Langgalerie und Wallpavillon ein. Wie allen vier Eckpavillons ist ihm die vorgelagerte Terrasse gemein, von der eine Freitreppe mit zwei Schwüngen in den Zwingerhof führt. Über diese Treppenanlage betritt der Besucher auch die zu den Staatlichen Kunstsammlungen gehörende museale Sammlung mathematischer und physikalischer Instrumente – das älteste Museum im Zwinger! Es zählt zu den Besonderheiten des frühzeitig in äußerer Hülle fertiggestellten Pavillons, dass am Fries neben dem Erbauungsjahr 1712 der doppelköpfige Reichsadler prangt. Er verrät ein weitgehend in Vergessenheit geratenes Amt Augusts des Starken. Dieser war 1711 Reichsvikar mit kaiserlichen Machtbefugnissen. Jedoch blieb sein Streben nach der Kaiserkrone vergeblich.

Weingott Bacchus mit der Kelter und Putto von Permoser als zweite Darstellung des Herbstes in der rechten Nische an der Grabenseite des Kronentores

Zwingerhof mit Sempergalerie, links der Französische und rechts der Deutsche Pavillon

Französischer Pavillon heißt der nördliche Eckpavillon (Rohbau 1715 fertiggestellt) mit 48 Figuren an der Fassade zwischen Wallpavillon und Sempergalerie. Sein Name geht auf französische Gemälde zurück, die dort als Teil der Gemäldegalerie bis 1945 zu sehen waren (vorherige Bezeichnung Pavillon G). Berühmt ist sein Marmorsaal im Obergeschoss, der wie alle Obersäle der spiegelgleichen Eckpavillons in einen Mittelsaal und zwei Vorsäle an den Stirnseiten geteilt ist. Der Marmorboden erinnert noch an seine einstige Pracht. Auf die dem Raum seinen Namen gebenden farbigen Verkleidungen aus heimischem Marmor verzichtete man bei

Durch den Torbogen des Mittelrisalits der Sempergalerie sieht man das Reiterdenkmal König Johanns auf dem Theaterplatz.

der Wiederherstellung nach 1945 bislang. Wie im Mathematisch-Physikalischen Salon gilt auch das Deckenfresko als für immer verloren. Über das Erdgeschoss gelangt man in die Bogengalerie L mit der 2021 eröffneten audiovisuellen Präsentation „Zwinger Xperience". Frühe Etappen der Zwinger-Entwicklung werden hier in einer Erlebnisausstellung anschaulich dargestellt. Die zwischen 1710 und 1730 entstandene Bogengalerie war ursprünglich als Winterquartier für die kurfürstlichen Orangen-, Pomeranzen-, Feigen- und Granatapfelbäume gedacht.

An sonnigen Tagen erinnern Damen und Herren im barocken Gewand an frühere Glanzzeiten.

Durch das Erdgeschoss des Französischen Pavillons gelangt man zum Nymphenbad. Anders als es der Name vermuten lässt, war dieses „Bad" nie ein der Körperpflege dienender Ort. Das Nymphenbad ist Grottensaal und Wassertheater zugleich. Zur Erbauungszeit wurden die dafür benötigten Wassermengen in einem großen Reservoir auf dem Wilsdruffer Torturm gelagert. Im Nymphenbad, dem geschlossenen Raum im Freien, welchem der Himmel als Dach dient, erfrischten und belustigten sich der Herrscher und seine Gäste. In alten Dokumenten ist von Vexierwässern (über mechanische Automaten angetriebene Wasserspiele) die Rede, de-

Im ruhigen Wasser des Beckens spiegelt sich der Mathematisch-Physikalische Salon.

ren genaue Funktionsweise heute unbekannt ist. Zumindest konnte damals niemand die zum Wall hinaufführenden Treppen benutzen, ohne be-

Bocksbeiniger Faun – halb Mensch, halb Tier – als Konsolfigur an einer der Bogengalerien

spritzt zu werden. Auch existierte ein „Wassergitter“, welches Besucher gefangen nahm. Erst nach Entrichtung eines Lösegeldes verschwand es wieder. Im Gegensatz zu manch furchteinflößenden Fratzen sonstiger Zwingerbauten erfreuen den Betrachter hier liebliche Nymphen. So nannte man in Griechenland die Gottheiten niederen Ranges, welche die Naturkräfte darstellten und zum unverzichtbaren Gefolge höherer Götter wie Artemis oder Aphrodite zählten. Sie gelten als die wohltätigen Geister der Quellen, Brunnen, Frischwasserströme, Seen und Meere, kümmern sich um Bäume und Wälder, Berge, Grotten und Höhlen, Wiesen und Täler, sind nach der Überlieferung im Regen wie im Siebengestirn der Plejaden zu finden. Sie helfen den Menschen und sind – obwohl sie über die ewige Jugend verfügen – sterblich. Mit dem Versiegen einer Quelle oder dem Tod eines Baumes hauchen sie ihr Nymphenleben aus.

Nordwestlich am alten Festungswall reckt sich der Wallpavillon in die Höhe, den viele als baulichen Höhepunkt des Zwingers betrachten. Üppiger bildhauerischer Schmuck und die

Französischer Pavillon (rechts) und Wallpavillon mit Wasserfontäne im Vordergrund

seltsame Verbindung von Treppenanlage und Pavillon machen ihn zu einem barocken Unikat. Sein Untergeschoss besteht aus verwinkelten Treppen, die neben zwei Brunnen auf den alten Stadtwall führen – die einzige Verbindung zwischen Zwingerhof und Wall. Das Obergeschoss beherbergt einen Festsaal, der heute vor allem Konzerten dient. Die den Wallpavillon bevölkernden Plastiken gehören zum Schönsten und Besten, was die Barockzeit schuf. Über allem schwebt Permosers dreieinhalb Tonnen schwerer „Hercules Saxonicus" mit der Weltkugel. Darunter ist Prinz

Paris im „Urteil des Paris“ nebst den drei Göttinnen Venus, Minerva und Juno von Paul Heermann zu sehen. Paris symbolisiert den lorbeerbekränzten jugendlichen August den Starken, statt Apfel Polens Königskrone in den Händen haltend. Die Figurengruppen der vier Winde an den Ecken des Wallpavillons von Johann Christian Kirchner sind einzigartig, wie auch Juno und Jupiter von Johann Benjamin Thomae. Ein Teil der

Kaskade des Nymphenbades. Die Balustrade zieren Putten und Figurengruppen.

Blick zum Wallpavillon. Der überquellende Reichtum an plastischem Schmuck, ja an kunstvoller Steinbildhauerarbeit, macht den Zwinger zum poesievollen Garten aus Stein.

Originale wird im Lapidarium aufbewahrt.
Wir beschreiten die innere Treppenanlage und sehen linker Hand auf dem Wall ein kleines Gebäude des 20. Jahrhunderts: das 1957 für astronomische Zeit- und Breitenbestimmungen neu gebaute Meridianhaus. Es erinnert daran, dass am Mathematisch-Physikalischen Salon einst eine Sternwarte exis-

Über diese raffinierte Treppenanlage gelangt der Besucher vom Hof auf den Zwingerwall.

tierte und seit 1783 im Zwinger der Zeitdienst bestand. Durch Beobachtung des Meridiandurchgangs durch die Sonne am Passageinstrument wurde die Ortszeit ermittelt, ab 1828 an der Schlossturmuhr öffentlich bekanntgegeben und später der Sächsischen Staatsbahn im Hauptbahnhof

Mittelkartusche am Obergeschoss des Wallpavillons

Von den Terrassen des Zwingers bieten sich faszinierende Blicke auf das barocke Ensemble.

Meridianhaus auf dem Zwingerwall

telegrafisch übermittelt. Dank des Zeitdienstes der Zwinger-Sternwarte konnten bis zur Einführung der Mitteleuropäischen Zeit per Reichsgesetz im Jahre 1893 die Uhrzeitverhältnisse in ganz Sachsen auf eine einheitliche Basis gestellt werden.

Auf dem Wall darf man sich nun entscheiden, die Terrassen der Langgalerien und des Porzellanpavillons bis zum Glockenspielpavillon zu beschreiten, dabei den Zwinger und das Kronentor aus halber Höhe zu bewundern. Oder – sofern geöffnet – die Treppen hinab zum Nymphenbad zu steigen. Es gibt jedoch auch eine Rampe, welche zum 1860 aufgestellten Standbild Carl Maria von Webers (1786–1826) führt, das Ernst Rietschel (1804–1861) schuf. Dahinter befindet sich – etwas versteckt am Rande des Theaterplatzes mit seinen imposanten Schöpfungen – das Restaurant „Alte Meister“.

Über Mathematisch-Physikalischen Salon und Wallpavillon blicken wir zum Neustädter Elbufer mit Japanischem Palais, Bilderberg Bellevue Hotel Dresden und Dreikönigskirch-Turm.

Wer Ruhe, Vogelgezwitscher und die Natur liebt, genießt den Park mit gepflegten Wegen und Bänken zum Ausruhen, Zwingerteich samt Fontäne und Zwingergraben. Hinter der Semperoper verstecken sich unter Bäumen auf Rasenflächen zwei Stelen für Komponisten: die seit 1985 Heinrich Schütz (1585–1672) ehrende von Berndt Wilde (geb. 1946) und jene 1986 für Robert Schumann (1810–1856) aufgestellte von Charlotte Sommer-Landgraf (1928–2006).

Denkmal für den Königlichen Kapellmeister und Direktor der deutschen Oper am Dresdner Hoftheater sowie genialen Komponisten der Oper „Der Freischütz", Carl Maria von Weber

Park am Zwingerteich – eine Oase der Dresdner Altstadt. Im Hintergrund das Bühnenhaus der Semperoper

Globen und Fernrohre – Mathematisch-Physikalischer Salon

Zu den ältesten Museen der Welt zählend, wurde der Mathematisch-Physikalische Salon 1728 zunächst im Stadtpavillon (seit 1933 als Glockenspielpavillon bezeichnet) und ab 1746 an der heutigen Stelle im Eckpavillon am Wallgraben (Pavillon F) untergebracht. Als Teil der Staatlichen Kunstsammlungen Dresden zeigt die Spezialsammlung vor allem wissenschaftliche Instrumente und Zeitmesser des 13. bis 19. Jahrhunderts, zu denen Automaten, Brennspiegel, Elektrisiermaschinen, Globen, Kunstuhren, Mikroskope, Teleskope und Vermessungsinstrumente zählen. Zunächst diente nur das Obergeschoss des nordwestlichen Pavillons über dem Grottensaal der Sammlung als Ort der Aufbewahrung und gelegentlichen Präsentation. Die Exposition konnte im Laufe der Zeit durch Ankäufe, zuerst z. B. der Sammlung des Reichsgrafen Hans von Löser (1704–1763) und von Stücken aus dem Besitz des Grafen Heinrich von Brühl (1700–1763), vermehrt werden. Unter den Inspektoren Johann Gottfried Köhler

118 cm hohe Planetenlaufuhr mit Astrolabium, silbernem Globus und Kalenderscheibe in der Langgalerie. Im Dezember 1562 von Kurfürst August (1526–1586) bestellt, arbeiteten Eberhard Baldewein (um 1525–1593) aus Kassel, Hans Bucher (†1578 o. 1579) und Goldschmied Hermann Diepel bis 1568 an dem Kunstwerk.

Im Obergeschoss des Salons stehen der Brennspiegel (158,5 cm Durchmesser, 230 cm Höhe) des Ehrenfried Walter von Tschirnhaus von 1686, dessen Doppelbrennlinsenapparat (Hauptlinse: 49,5 cm Durchmesser; Gestell: 260 cm Höhe, 213 cm Länge) von 1690 und die 176 cm lange und 146 cm hohe Vakuumpumpe des Jacob Leupold (1674–1727) von 1709.

(1745–1800) und Heinrich Seyffert (1751–1818) entwickelte sich der Mathematisch-Physikalische Salon zu einer Behörde mit eigener Sternwarte und jener Institution, welche über alle Fragen der Uhrzeit für Sachsen entschied. Vor allem Seyffert komplettierte das Instrumentarium durch den Ankauf zeitgemäßer Instrumente in England. Inspektor Wilhelm Gotthelf Lohrmann (1796–1840) errichtete an der südwestlichen Ecke des Sammlungssaales einen massiven Anbau als Himmelsobservatorium und für den unverzichtbaren Zeitdienst. Zum repräsentativen Museum mutierte der Salon ab 1832, als auch Renaissance-Automaten und Uhren die Sammlung

Diesen mechanischen Himmelsglobus kaufte 1586 Kurfürst Christian I. (1560–1591) den Augsburger Meistern Johannes Reinhold (ca. 1550–1596) und Georg Roll (1546–1592) ab. Ein Uhrwerk im vergoldeten Globus (56,5 cm hoch; Durchmesser der Himmelskugel: 20,5 cm) dreht ihn einmal am Tag um seine Achse.

bereicherten. 1909 gelang der Ankauf von 95 Taschenuhren des Dresdner Uhrmachers Robert Pleißner (1849–1916). Nach dem Zweiten Weltkrieg definierte man als weiteren Schwerpunkt die Globensammlung. Seit 1939 geschlossen und im Dresdner Inferno des 13./14. Februar 1945 bombardiert, erlitt die Sammlung schmerzhafte Verluste. 1952 aufs Neue eröffnet,

Die Automatenuhr „Reitender Türke“ (33,5 cm lang, 22,5 cm breit, 42 cm hoch) aus vergoldetem Messing und Ebenholz wurde Ende des 16. Jahrhunderts in Augsburg gefertigt.

zwei Jahre später um den Grottensaal und 1956 um die Bogengalerie zum Wallpavillon erweitert, erfolgte 2007 bis 2013 die erste umfassende Sanierung. Dabei wurde die Langgalerie bis zum Kronentor neue Ausstellungsfläche des Salons und man baute auf der Grottensaal-Rückseite einen zusätzlichen Raum in den Zwingerwall. Seine Schätze – dazu zählen der Doppelbrennlinsenapparat des Ehrenfried Walther von Tschirnhaus (1651–1708) von 1690 oder der um 1710 entstandene blattvergoldete Brennspiegel des „Sächsischen Archimedes" Andreas Gärtner (1654–1727) – machen das Museum zu einem der weltweit führenden für historische wissenschaftliche Instrumente und Uhren.

175,5 cm hohes und 105 cm breites Vollkreisinstrument des Londoner Meisters Edward Troughton (1753–1835) von 1793. Der sächsische Gesandte am englischen Königshof, Graf Hans Moritz von Brühl (1736–1809), schenkte es 1803 der Sternwarte auf der Leipziger Pleißenburg (seit 1905 in Dresden).

Grande Complication Nr. 42.500 der Firma A. Lange & Söhne aus 833 Teilen ist eine der kompliziertesten Taschenuhren der Welt. Das Einzelstück u. a. mit Selbstschlag, viertelstündigem Geläut, Schleppzeiger-Chronographen (Stoppuhr mit Zwischenzeit), Ewigem Kalender und Mondphasen-Anzeige wurde 1902 für 5600 Goldmark verkauft.

Gemäldegalerie Alte Meister und Skulpturensammlung

Mit rund 1750 Werken des 15. bis 18. Jahrhunderts – ca. 700 davon ausgestellt – ist die Gemäldegalerie Alte Meister eine der berühmtesten Gemäldesammlungen der Welt. Sie umfasst Spitzenarbeiten der italienischen, niederländischen, spanischen, französischen und deutschen Schule. Zusammen mit Exponaten der Skulpturensammlung bis zum Jahre 1800 – ebenfalls Teil der Staatlichen Kunst-

Über diese prächtige Treppe gelangt der Galeriebesucher ins Hauptgeschoss der Sempergalerie.

Um 1508/1510 entstanden, gilt die „Schlummernde Venus" in Öl auf Leinwand (108,5 mal 175 cm) von Giorgione und Tizian als erster großformatiger weiblicher Akt in Italien.

sammlungen Dresden – befindet sie sich in jenem Bau des Zwingers, der Sempergalerie, Semperbau oder Gemäldegalerie genannt wird. Sachsens Kurfürsten legten im 16. Jahrhundert den Grundstock, indem sie den Maler Lucas Cranach den Älteren (1472–1553) beschäftigten. August der Starke, der Gemälde in diversen Sälen im Schloss versammelte, kaufte 1699 die von Giorgione (1477/78–1510) unter Mitwirkung Tizians (1488/90–1576) um 1508/10 gemalte „Schlummernde Venus". Die Glanzzeit begann jedoch unter seinem Sohn Kurfürst Friedrich August II. (1696–

Die Königin der Dresdner Sammlungen: „Die Sixtinische Madonna" von Raffael. Wohl Papst Julius II. (1443–1513) persönlich gab das 265 mal 196 cm große Gemälde 1512 in Auftrag.

Im „Entrée-Saal" finden sich neben einer Reiterplastik Augusts des Starken und seiner Marmorbüste das ihn darstellende Prachtgemälde von Louis de Silvestre (1675–1760) „König August II. von Polen zu Pferde". Links davon das Ganzfigurenbildnis seines Sohnes „Kurprinz Friedrich August von Sachsen" von Hyacinthe Rigaud (1659–1743)

„Der Altmarkt zu Dresden von der Schlossgasse aus" (238 mal 137 cm) von Bernardo Bellotto, gen. Canaletto (1722–1780) aus dem Jahre 1751. Der Venezianer schuf 1747 bis 1754 einen Hauptzyklus von 14 Dresden-Veduten und 1753 bis 1756 elf Ansichten von Pirna.

Tondo „Die Heilige Familie mit Johannesknabe" von Renaissance-Maler Piero di Cosimo (1462–1521). Der Florentiner signierte nie, was die Zuschreibung schwierig macht.

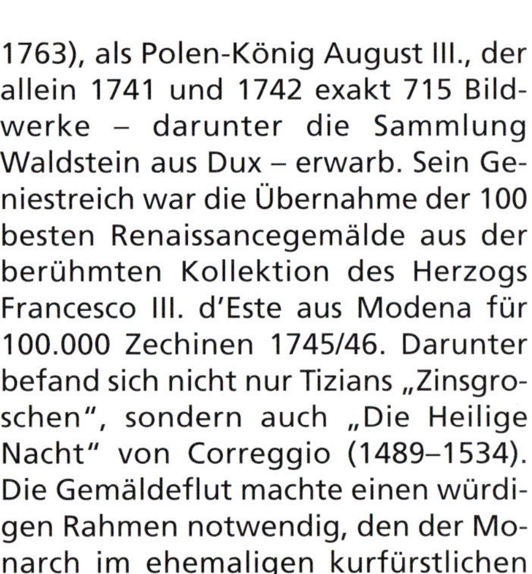

Unter den französischen Werken im Obergeschoss ist dieses um 1744 gemalte Pastell (82,5 mal 52,5 cm) zu finden: „Das Schokoladenmädchen" von Jean-Étienne Liotard (1702–1789).

1763), als Polen-König August III., der allein 1741 und 1742 exakt 715 Bildwerke – darunter die Sammlung Waldstein aus Dux – erwarb. Sein Geniestreich war die Übernahme der 100 besten Renaissancegemälde aus der berühmten Kollektion des Herzogs Francesco III. d'Este aus Modena für 100.000 Zechinen 1745/46. Darunter befand sich nicht nur Tizians „Zinsgroschen", sondern auch „Die Heilige Nacht" von Correggio (1489–1534). Die Gemäldeflut machte einen würdigen Rahmen notwendig, den der Monarch im ehemaligen kurfürstlichen

1635 malte Rembrandt Harmenszoon van Rijn (1606–1669) den „Ganymed in den Fängen des Adlers" (177 mal 130 cm). 1751 kaufte Kurfürst Friedrich August II. das Gemälde.

Stallgebäude am Jüdenhof fand. Dieser wurde bis zum Einzug 1746 zur Gemäldegalerie umgebaut. Sieben Jahre später gelang in der Benediktinerabtei San Sisto in Piacenza der Ankauf des heute unbestrittenen Kronjuwels: der „Sixtinischen Madonna" von Raffaelo Santi (1483–1520)! Wie alle Gemälde seit 1855 in der Sempergalerie zu bewundern, gliederte man 1914 wegen Platzmangels die modernen Werke aus (seit 1965 im Albertinum präsentiert). Am 28. August 1939 geschlossen, kam ein Großteil der Gemälde in bombensichere Auslagerungsorte. 1945 von der Trophäenkommission der russischen Truppen konfisziert, später an die DDR zurückgegeben, wurden sie ab 1956 wieder in einem Flügel der Sempergalerie gezeigt (der andere nahm bis 2012 die Rüstkammer auf, jetzt im Riesensaal des Schlosses). 1963 galten 206 Gemälde und Bildteppiche

Rubens' um 1635 in Öl auf Eichenholz entstandene „Bathseba am Springbrunnen" (175 mal 126 cm), 1749 in Paris gekauft, erzählt eine Geschichte aus dem Alten Testament der Bibel.

An dieser Wand sind Meister der niederländischen Schule wie Peter Paul Rubens (1577–1640), Anthonis van Dyck (1599–1641) und Frans Snyders (1579–1657) vereint.

als zerstört, 507 als vermisst (heute noch ca. 450 vermisst). Zwischen 1988 und 1992 rekonstruiert, war 2013 wieder eine Generalsanierung für sieben Jahre erforderlich. Mit der Wiedereröffnung der Gemäldegalerie Alte Meister am 28. Februar 2020 fand man eine Symbiose. Meisterwerke in vergoldeten Rahmen harmonieren heute mit Kunst aus der Skulpturensammlung. Antiken findet man in der Osthalle.

Die Erdgeschoss-Ostseite gestaltete Semper als Halle mit ionischen Säulen aus schwarzem Marmor. Sie beherbergt Schätze der Antikensammlung von 3000 vor bis 500 nach Christi.

Ein Teil der 800 Gipsabgüsse von Werken der Antike aus der Sammlung des Hofmalers Anton Raphael Mengs (1728–1779) ist im Erdgeschoss des Deutschen Pavillons zu sehen.

Von China bis Meissen – einzigartige Schätze aus Porzellan

Dank der Sammelleidenschaft Augusts des Starken verfügt die Porzellansammlung Dresden der Staatlichen Kunstsammlungen über die kostbarste Kollektion an vor allem chinesischen, japanischen und Meissener Porzellanen®. Sie zählt mit ihren 20 000 Stücken neben der des Serails in Istanbul und der des chinesischen Kaiserpalastes in Peking zu den größten der Welt. Erstes chinesisches Porzellan gelangte schon früh an den sächsischen Hof. Seit 1579 besaß man in der kurfürstlichen Kunstkammer eine Weinkanne in Gestalt des Fenghuang-Vogels, 1590 schenkte Großherzog Ferdinand I. von Toskana

In der südlichen Langgalerie am Zwingergraben präsentiert man u. a. kostbarste chinesische und japanische Porzellane in Vitrinen. Die Dresdner Porzellansammlung (3860 Quadratmeter Grundfläche, u. a. 1812 Quadratmeter Museum und 706 Quadratmeter Depot) nimmt mehr als ein Viertel des Zwingers ein, wurde bis 2010 für 18,4 Millionen Euro saniert.

„Weißes Gold" unter Baldachinen und in einem chinesischen Pavillon. Sie beherbergen vor allem lebensgroße Tierplastiken aus Meissener Porzellan®, die Johann Joachim Kaendler (1706–1775) und Johann Gottlieb Kirchner (1706–um 1768) schufen. Für die luxuriöse Präsentation stattete Peter Marino drei Räume der Porzellansammlung prunkvoll aus.

(1549–1609) Kurfürst Christian I. (1560–1591) u. a. eine kleine Kumme (Trinkschale) mit unterglasurblauer Bemalung. Als sich August um 1700 dem „Weißen Gold“ zuwandte, hatte ihn jenes „Porzellanfieber“ infiziert, das sich damals innerhalb der deutschen Hocharistokratie zeigte. Für seine Sammlung kaufte der Kurfürst 1717 ein Palais an der Elbe und befahl dessen Ausbau als Japanisches Palais zum Porzellanschloss (nie vollendet). Während der Arbeiten am Palais brachte man 1727 die schönsten Stücke der Porzellanbestände – beim Tode des Herrschers waren es etwa 35 000 – ins Residenzschloss, wo im Turmzimmer das Porzellankabinett entstand (bis zum II. Weltkrieg dort erhalten). Aus Desinteresse der Nachfolger wurde die Sammlung in Kellergewölbe verbannt. Erst 1876 fand die Odyssee ein Ende: Im Johanneum bezog die Porzellansammlung drei Riesensäle. 1880 kaufte die Königliche Generaldirektion für Kunst und Wissenschaft für 90 000 Mark rund 1400 Stücke Meissener Porzellan® aus der Sammlung des Dresdner Arztes Carl Spitzner (1831–1899) an. Porzellansammlungs-Direktor Ernst Zimmer-

Sieben sogenannte „Dragonervasen“ in der Bogengalerie. Die 1,03 Meter hohen Monumentalvasen aus China entstanden in der Regierungsperiode Kangxi (1662–1722). 1717 „verschenkte“ August der Starke 600 Reiter seiner Armee an Friedrich Wilhelm I. von Preußen (1688–1740), erhielt dafür im Gegenzug 151 Porzellane, darunter diese Vasen.

Johann Joachim Kaendler formte 1753 dieses „Modell eines Reiterdenkmals für König August III." (123 cm hoch) in Porzellan aus. Es stellt die Miniaturfassung eines monumentalen Porzellanbildwerkes dar, das nie vollendet wurde. Allein die hierfür im Hof der Albrechtsburg Meißen in einem Holzhaus errichtete Gipsfassung erreichte 1757 elf Meter Höhe.

mann (1866–1940) gelang später die Vervollständigung der Ming-Abteilung und durch Erwerb der Sammlung Rücker-Emden 1926/27 die Bereicherung mit chinesischer Frühkeramik aus der Zeit der Han-, Wei- und Tang-Periode sowie der Song- und Yuan-Dynastie. Unter der nationalsozialistischen Diktatur plante man im Dresdner Zwinger (außer dem Semperbau) ein „Nationalmuseum für Keramik", dessen Ostasien-Sektion nach 1933 in den noch heute genutzten Flügel umzog. Fast alle Museumsbestände überstanden an Auslagerungsorten den II. Weltkrieg und wurden von der sowjetischen Trophäenkommission abtransportiert. Bis auf etwa 500 noch heute in Russland verbliebene Objekte kehrten die Porzellane 1958 nach Dresden zurück. Seit 1962 wieder der Öffentlichkeit zugänglich, wurden sie zuletzt durch renommierte Architekten wie den New Yorker Peter Marino (geb. 1949) prunkvoll inszeniert. Die

Die 54 cm hohe „Büste des Hofnarren Joseph Fröhlich", der von 1664–1757 lebte und als Narr am Hofe beiden sächsischen Kurfürsten und polnischen Königen diente, ist eine Arbeit von Johann Gottlieb Kirchner.

Porzellansammlung Dresden ist heute das Mekka für Porzellan-Liebhaber aller Kontinente.

Prunkterrine (54,5 cm hoch, oberer Teil) aus dem „Schwanenservice". Das Service aus über 2200 Einzelteilen fertigte die Manufaktur Meissen 1737 bis 1742 für Heinrich Graf von Brühl (1700–1763). Es gilt als Höhepunkt in der Welthistorie des Tafelgeschirrs.

Quellen

Donath, Matthias; Welich, Dirk: Der Zwinger zu Dresden. – Edition Leipzig 2011

Ermisch, Hubert Georg: Der Zwinger. – Union Berlin 1952

Helfricht, Jürgen: Astronomiegeschichte Dresdens. – Hellerau Verlag Dresden 2001

Helfricht, Jürgen: Die Wettiner. Sachsens Könige, Herzöge, Kurfürsten und Markgrafen. – Sachsenbuch Leipzig 5. Auflage 2012

Helfricht, Jürgen: Kleines ABC des Meissener Porzellans®. – Husum Husum 4. Auflage 2017

Helfricht, Jürgen: Mystisches Dresden. Ein außergewöhnlicher Stadtführer zu geheimnisvollen Orten in Dresden und rund um das Elbtal. – Oberlausitzer Verlag 2. Auflage 2019

Helfricht, Karina; Helfricht, Jürgen: Die Jahrtausendflut 2002 in Sachsen. – Husum Husum 6. Auflage 2003

Hempel, Eberhard: Der Dresdner Zwinger. Ein Denkmal festlicher Kultur in der sächsischen Residenz. – Koehler & Amelang Leipzig 1964

Koja, Stephan (Hrsg.): Gemäldegalerie Alte Meister. Museumsführer. – Sandstein Dresden 2020

Koja, Stephan (Hrsg.): Glanzstücke. Gemäldegalerie Alte Meister Skulpturensammlung bis 1800. – Sandstein Dresden 2020

Loesch, Anette; Pietsch, Ulrich; Reichel, Friedrich: Porzellansammlung Dresden. Führer durch die ständige Ausstellung. – Staatliche Kunstsammlungen Dresden 1998

Löffler, Fritz: Das alte Dresden. – E. A. Seemann Leipzig 10. Auflage 1990

Löffler, Fritz; Kirsten, Michael (Hrsg.): Der Zwinger in Dresden. – E. A. Seemann Leipzig 4. Auflage 1992

Marx, Harald: Gemäldegalerie Dresden Alte Meister. Sammlung, Bau, Geschichte. – E. A. Seemann Leipzig 2008

Papke, Eva: Festung Dresden. Aus der Geschichte der Dresdner Stadtbefestigung. – Michael Sandstein Dresden 1997

Passavant, Günter: Wolf Caspar von Klengel, Dresden 1630–1691. – Deutscher Kunstverlag München Berlin 2001

Plaßmeyer, Peter (Hrsg.): Mathematisch-Physikalischer Salon. – Deutscher Kunstverlag München 2020

Schillinger, Klaus (Hrsg.): Kostbare Instrumente und Uhren aus dem Staatlichen Mathematisch-Physikalischen Salon Dresden. – E. A. Seemann Leipzig 1994

Sponsel, Jean Louis: Der Zwinger, die Hoffeste und die Schloßbaupläne zu Dresden. – Stengel & Co. Dresden 1924

Stimmel, Folke; Eigenwill, Reinhardt; Glodschei, Heinz u. a.: Stadtlexikon Dresden A – Z. – Verlag der Kunst Dresden Basel 1994

Weichold, Arthur: Wilhelm Gotthelf Lohrmann 1796–1840. – J. A. Barth Leipzig 1985

Welich, Dirk: Der Zwinger. Dresdens berühmter Festungsbau. – Edition Leipzig 2002

Inhalt

Vorwort 7
Dresdner Zwinger – Vergnügungsplatz im Festungsareal 8
„Sonnenkönig“ August der Starke und sein Traum in Stein 16
Architekten und Künstler des europäischen Barockjuwels 28
Aus der Orangerie wird ein royaler Museumspalast 42
Das 19. Jahrhundert mit Sempers Galeriebau für Gemälde 46
Wie Revolution, Kriege und Verfall dem Zwinger zusetzen 53
Vom Glockenspiel zum Wallpavillon – ein Rundgang 67
Globen und Fernrohre – Mathematisch-Physikalischer Salon 94
Gemäldegalerie Alte Meister und Skulpturensammlung 98
Von China bis Meissen – einzigartige Schätze aus Porzellan 109
Quellen 115

Umschlaggestaltung unter Verwendung von Fotos aus dem Buch

Bibliografische Information Der Deutschen Nationalbibliothek

Die Deutsche Nationalbibliothek verzeichnet diese Publikation in der Deutschen Nationalbibliografie; detaillierte bibliografische Daten sind im Internet über http://dnb.dnb.de abrufbar.

Abbildungsnachweis:

Alle Fotos und Reproduktionen von Jürgen Helfricht, außer:
ddpix.de/DML-BY, S. 69, 72; Sylvio Dittrich/DML-BY, S. 24/25; Frank Exß/DML-BY, S. 78; Jürgen Männel, S. 70; Christoph Münch, S. 74, 80; Holm Röhner, S. 15, 65.

Gesamtherstellung: Husum Druck- und Verlagsgesellschaft
Postfach 1480, D-25804 Husum – www.verlagsgruppe.de

ISBN 978-3-96717-045-0

13
14
15
12
11
9
11
8
Am Zwingerteich
Zwingerteich
Zwingergraben
Dresdner Zwinger
1 Sempergalerie
2 Deutscher Pavillon (mit Anbau)
3 Gockenspielpavillon
4 Porzellanpavillon (mit Anbau)
5 Kronentor
6 Langgalerie
7 Mathematisch-Physikalischer Salon (mit unterirdischem Anbau)
8 Meridianhaus
9 Wallpavillon
10 Französischer Pavillon
11 Bogengalerie
12 Nymphenbad
13 Carl-Maria-von-Weber-Denkmal
14 Robert-Schumann-Stele
15 Heinrich-Schütz-Stele